Kamp · Störzer · Groeneveld

Warum Ihr Darm Kartoffelsalat liebt

Anne Kamp, Dipl. oec. troph., ist seit vielen Jahren selbstständige Ernährungstherapeutin und arbeitet in Neuenkirchen im nördlichen Münsterland schwerpunktmäßig mit Menschen, die unter Magen-Darm-Erkrankungen oder Unverträglichkeiten leiden. Täglich kommen hier auch Patienten, die unter einem Reizdarmsyndrom leiden. Ihre langjährige Berufserfahrung macht es ihr leicht, den Betroffenen Anregungen für einen abwechslungsreichen, verträglichen und gesunden Speiseplan zu geben. Sie veröffentlichte bereits mehrere Bücher und ist seit vielen Jahren als Fachreferentin für den Deutschen Allergie- und Asthmabund tätig, wo sie Fachkolleginnen weiterbildet.

Lisa-Marie Störzer, M. Sc., arbeitet seit mehreren Jahren als selbstständige Ernährungstherapeutin im Münsterland. Bereits früh entdeckte sie ihre Begeisterung für gutes Essen und entwickelte eine bis heute stetig wachsende Leidenschaft fürs Kochen und Backen. Mit individuellen Ansätzen und viel Kreativität ermutigt sie Betroffene von Bauchbeschwerden zum »Umdenken statt Einschränken«. Sie veröffentlichte mehrere Zeitungsartikel zu Ernährungsfragen und ist als Mediengestalterin und als Fachberaterin für Bücher mit Ernährungsbezug tätig.

Maike Groeneveld, Dr. oec. troph., beschäftigt sich seit mehr als 25 Jahren mit der Darmgesundheit und mit dem Einfluss der Ernährung auf die Mikrobiota. In ihrer Praxis für Ernährungsberatung in Bonn berät sie täglich Menschen mit Darmerkrankungen. Sie versucht, ihnen die Freude am Essen wieder zu geben und zeigt ihnen, wie sich der Bauch durch ein individuell angepasstes Essverhalten beruhigt. Sie schreibt Bücher und Beiträge in Fachzeitschriften und ist in der Weiterbildung von FachkollegInnen und ÄrztInnen tätig.

Dipl. oec. troph. Anne Kamp · M. Sc. Lisa-Marie Störzer
Dr. oec. troph. Maike Groeneveld

Warum Ihr Darm Kartoffelsalat liebt

Die genussvolle Ernährung bei Reizdarm

TRIAS

Exkurse

Das Rezept zum Coverbild finden Sie auf S. 50

Liebe Leserinnen, liebe Leser,

wer wünscht sich nicht einen gesunden Darm, der ohne Schmerzen und mit geregelter Verdauung still und zuverlässig seine Arbeit verrichtet? Doch die Wirklichkeit sieht oft anders aus. Jährlich erfolgen in Deutschland etwa 2,5 Millionen medizinische Behandlungen aufgrund von Erkrankungen der Verdauungsorgane. Schätzungen zufolge erhalten pro Jahr knapp 300.000 Patienten die Diagnose Reizdarmsyndrom. Die tatsächliche Zahl der Betroffenen dürfte aber sogar noch deutlich höher liegen, denn nicht alle suchen deswegen überhaupt einen Arzt auf.

Unser Darm kann seine Arbeit nur gut erledigen, wenn er während und nach einer Mahlzeit etwas Ruhe bekommt. Ist unser vegetatives Nervensystem auf Stress programmiert, werden alle Darmtätigkeiten heruntergefahren. Nur wenn der Ruhenerv die Oberhand gewinnt, arbeiten alle Organe wie ein Orchester zusammen. Jedes Verdauungsorgan übernimmt dann seinen Part. Der Dünndarm gibt den richtigen Ton an und sagt den anderen Organen, wann und wie sie ihre Arbeit erledigen sollen. Dabei reagiert er auf die Zusammensetzung der Nahrung. Deshalb ist das richtige Verhältnis von Proteinen, Fetten, Kohlenhydraten und Ballaststoffen in einer Mahlzeit sehr wichtig.

Wir widmen uns in diesem Buch in besonderer Weise den Abermilliarden Bakterien, die den Darm besiedeln, der sogenannten Mikrobiota. Warum sie so wichtig für einen ruhigen Darm sind und warum sie sich neben einem Berg an Gemüse auch so gern von Kartoffelsalat ernähren, erfahren Sie auf den nächsten Seiten. Viele neue Erkenntnisse beim Lesen, viel Freude beim Ausprobieren der Rezepte, einen guten Appetit und vor allem einen ruhigen Bauch wünschen

Maike Groeneveld, Anne Kamp und Lisa-Marie Störzer

Mein perfekter Tag

Zum Frühstück wärmt ein Porridge den Bauch, beim Mittagessen werden Körper und Seele mit einem mediterranen Kartoffelsalat verwöhnt und am Abend löst eine gut verdauliche Möhrensuppe sämtliche Spannungen.

Sorgt für Wohlfühlmomente

Porridge mit Beeren und Mandeln

Für 1 Portion

10 Min.

40 g Haferflocken (blütenzart) • 1 EL Haferkleie • 1 Prise Zimt • 200 ml Milch • 100 g gemischte Beeren (frisch oder TK) • 20 g gehackte Mandeln

- Haferflocken, Haferkleie und Zimt in einen kleinen Topf mit Milch geben und bei mittlerer Hitze auf dem Herd aufkochen. Porridge in eine Frühstücksschüssel geben und ca. 5–10 Min. quellen lassen.

- TK-Beeren bei Bedarf kurz in der Mikrowelle oder in einem kleinen Topf leicht erwärmen.

- Beeren mit gehackten Mandeln als Topping auf dem Porridge verteilen und genießen.

Nährwerte

460 kcal • 18 g E • 22 g F • 46 g KH • 9 g BST

Italienisch angehaucht

Kartoffelsalat mit Tomate und Mozzarella

Für 2 Portionen
30 Min. (mit vorgekochten Kartoffeln ca. 15 Min.)

500 g gegarte Kartoffeln (festkochend) • 100 ml heiße Gemüsebrühe • 20 g Pinienkerne • 1 Bund Basilikum • 2 EL Olivenöl • 1 EL heller Essig • Salz, Pfeffer • 125 g Mini-Mozzarella-Kugeln • 250 g Cocktailtomaten

- Kartoffeln am Vortag gar kochen, pellen, abkühlen lassen und in einer verschlossenen Dose im Kühlschrank lagern. Alternativ frische Kartoffeln kochen und pellen.

- Kartoffeln achteln, in eine große Salatschüssel geben, mit heißer Gemüsebrühe übergießen und gut vermengen.

- Pinienkerne in einer beschichteten Pfanne ohne Fett rösten, bis sie goldbraun sind. Basilikumblätter abzupfen. Kerne und Basilikum in ein hohes Gefäß geben, Öl und Essig dazugeben und alles zu einem Pesto pürieren. Kräftig mit Salz und Pfeffer abschmecken.

- Mozzarella-Kugeln und Tomaten halbieren. Mozzarella, Tomaten und Pesto zu den Kartoffeln geben und alles gut mischen. Nochmals 5 Min. ziehen lassen, dann servieren.

Nährwerte
525 kcal • 21 g E • 31 g F • 41 g KH • 8 g BST

Lässt sich gut vorbereiten

Pürierte Möhrensuppe

Für 2 Portionen
30 Min.

300 g Möhren • 100 g Sellerie • 200 g Kartoffeln • 700 ml Gemüsebrühe • Salz, Pfeffer • 2 EL Schmand • 200 g geräucherter Lachs • ½ Bund Dill oder Majoran

- Möhren, Sellerie und Kartoffeln schälen und in Würfel schneiden. In Gemüsebrühe in 12 Min. gar kochen, pürieren und mit Salz und Pfeffer abschmecken. Schmand unterheben.

- Lachs in feine Streifen schneiden und kurz in der Suppe erwärmen. Kräuter hacken und daraufstreuen.

Nährwerte
350 kcal • 25 g E • 17 g F • 25 g KH • 10 g BST

Der Darm – und was ihm guttut

Ungünstige Ernährungsgewohnheiten und Stress schaden unserem Darm allzu oft. Begegnen Sie diesen Problemen ganz natürlich! Kartoffeln tun dabei gut.

Reizdarmsyndrom

Wenn es im Bauch rumort, Bauchschmerzen zum Alltag gehören und auch der Stuhl mal zu fest und mal zu weich ist, macht man sich langsam Gedanken, was da los ist.

Vielleicht wurden beim Hausarzt bereits erste Untersuchungen vorgenommen, aber nichts gefunden. Der gut gemeinte Ratschlag »Vermeiden Sie Stress und ernähren Sie sich gesund« führt oft zu keiner Besserung. Nach dem Hausarzt geht es für weitere Untersuchungen zum Facharzt für Magen-Darm-Erkrankungen (Gastroenterologe). Wenn dieser nach einigen Untersuchungen keine körperlichen Ursachen findet, stellt er die Diagnose »Reizdarmsyndrom« und erklärt, dass das nichts Schlimmes ist.
Der Patient geht dann oft ratlos nach Hause. Was soll er tun? Er hat doch Beschwerden.

Gereizter Darm oder Reizdarmsyndrom?

Bei einem gereizten Darm handelt es sich meistens um Beschwerden, die nach Festen mit üppigen Mahlzeiten, Stress im Job oder ungewohntem Essen im Urlaub entstehen. Doch wenn sich die äußeren Umstände normalisieren, beruhigt sich auch der Bauch wieder.

Anders sieht es beim Reizdarmsyndrom aus. Dieses definierte Krankheitsbild ist in einer medizinischen Leitlinie beschrieben. Dabei handelt es sich um eine funktionelle Störung des Darms, die länger als drei Monate andauert und mit wiederkehrenden Blähungen, Bauchschmerzen, Verstopfung oder Durchfall einhergehen kann. Viele Reizdarmpatienten leiden gleichzeitig unter mehreren dieser Symptome, andere nur unter einem oder unter wechselnden Beschwerden. Ebenfalls typisch für ein Reizdarmsyndrom ist eine erhöhte Schmerzempfindlichkeit im Darm. Was bei einem gesunden Bauch nur mal zwickt und drückt, kann bei einem Reizdarmpatienten schon schmerzhaft sein, da die Schmerzrezeptoren im Laufe der Zeit empfindlicher geworden sind.

Je nachdem welches Symptom dominant ist, kann das Reizdarmsyndrom in verschiedene Untergruppen unterteilt werden. Dazu gehören:

- Reizdarmsyndrom mit überwiegend Durchfällen
- Reizdarmsyndrom mit überwiegend Blähungen
- Reizdarmsyndrom mit überwiegend Verstopfung
- Reizdarmsyndrom mit Schmerzen und/oder wechselnden Stuhlgewohnheiten

Diese Einteilung ist sowohl für die medizinische Therapie als auch die Ernährungstherapie relevant, denn das dominante Symptom ist entscheidend für die Wahl der Behandlungsmethoden und Arzneimittel. Die Diagnose eines Reizdarmsyndroms ist nicht ganz einfach zu stellen, da zuvor zahlreiche andere Erkrankungen ausgeschlossen werden sollten. Wichtige Erkrankungen, die von einem Arzt vorher abgeklärt werden sollten, sind zum Beispiel:

- Nahrungsmittelunverträglichkeiten
- Zöliakie
- chronisch-entzündliche Darmerkrankungen (Morbus Crohn, Colitis ulcerosa)
- Bauchspeicheldrüseninsuffizienz
- Parasitenbefall
- Allergien

Die Ursachen des Reizdarmsyndroms sind bislang unklar. Bekannt ist, dass viele Menschen nach einem Magen-Darm-Infekt ein Reizdarmsyndrom entwickeln. Zur Vermeidung solcher Infekte, die oft durch Lebensmittel ausgelöst werden, sollten bei der Zubereitung von Speisen unbedingt einige Hygieneempfehlungen befolgt werden. Auch nach einer längeren Antibiotikaeinnahme kann ein unruhiger Bauch bleiben. Um dann alles wieder in geregelte Bahnen zu bringen, ist oft viel Geduld gefragt. Eine angepasste Ernährung wie auch Probiotika

Die wichtigsten Hygieneregeln

- Vor der Zubereitung von Speisen Hände waschen.
- Gemüse, Salate und Obst vor dem Verzehr gründlich waschen.
- Fleisch und Fisch auf separaten Schneidbrettern schneiden und diese danach gut reinigen.
- Geflügel, Fleisch und Fisch gut durchgaren.

(Lebensmittel oder Präparate mit darmfreundlichen Bakterien) können dabei hilfreich sein. Dass beim Reizdarmsyndrom auch oft eine veränderte Bakterienbesiedelung im Dünn- (Seite 24) und/oder Dickdarm (Seite 25) vorliegt, ist durch Studien belegt.

Mediziner und Wissenschaftler gehen davon aus, dass dem Reizdarmsyndrom eine Störung der Darm-Hirn-Achse zugrunde liegt. Das bedeutet, dass die Kommunikation zwischen Darm und Gehirn nicht richtig funktioniert. Stresshormone spielen vermutlich auch eine entscheidende Rolle. Viele Betroffene reagieren bei seelischer Belastung oder einem hektischen Alltag sehr deutlich mit Bauchbeschwerden. Ein Übermaß an Stresshormonen bewirkt, dass das Verdauungssystem seine Tätigkeiten einschränkt. So werden u. a. Darmbewegungen verlangsamt und weniger Verdauungssäfte gebildet. In Kombination mit langen Phasen sitzender Tätigkeiten sind Bauchbeschwerden vorprogrammiert. Oft führt der Stress auch zu ungünstigem Essverhalten, z. B. hektischen Kantinenbesuchen oder Snacken am Computer statt im Pausenraum. Prüfen Sie daher gut, wo es Ihnen möglich ist, den Alltag entspannter und etwas langsamer zu gestalten! Wichtig ist auch, regelmäßige Essenspausen einzulegen und die Mahlzeiten in Ruhe einzunehmen.

Die Behandlung eines Reizdarmsyndroms umfasst also meistens den gesamten Lebensstil. Der Umgang mit Stressfaktoren sowie das Bewegungs- und Ernährungsverhalten stehen im Fokus. Es ist empfehlenswert, sich dabei professionelle Unterstützung zu suchen. In Bezug auf Ernährung stehen Ihnen niedergelassene Ernährungsberater und -therapeuten zur Seite. Aber Achtung: Der Begriff »Ernährungsberater« ist gesetzlich nicht geschützt.

Tipp Adressen von geprüften Ernährungsberatern bekommen Sie über Ihre Krankenkasse oder über die Berufsverbände (https://www.bzfe.de/ernaehrungsberatung-vor-ort). Krankenkassen bezahlen in der Regel einen Zuschuss zu den Kosten der Ernährungsberatung, sofern der Ernährungsberater/-therapeut über eine Anerkennung durch die Berufsverbände und Krankenkassen verfügt.

So wird es ruhiger im Bauch

Unruhe im Bauch – Blähungen, ein Ziehen oder ein Druckgefühl, Krämpfe, zu weicher oder zu fester Stuhl: Diese typischen Beschwerden eines Reizdarmsyndroms können auch durch ungünstige Essgewohnheiten verstärkt oder sogar ausgelöst werden. Damit im Verdauungstrakt alle Organe, Verdauungssäfte, Transportsysteme und auch Bakterien ihre Aufgaben gut erledigen können, sollten beim Essen und Trinken gewisse Voraussetzungen erfüllt sein.

Rhythmen sind wichtig

Nehmen Sie Ihre Mahlzeiten regelmäßig ein. Für die meisten Menschen mit Bauchbeschwerden sind drei Hauptmahlzeiten und ein bis zwei kleine Zwischenmahlzeiten zu einigermaßen festen Uhrzeiten ideal. Die Portionen sollten jeweils nicht allzu groß sein. So wird Ihr Verdauungstrakt nicht durch zu große Mengen überlastet. Konzentrieren Sie sich auf diese Mahlzeiten und vermeiden Sie das ständige Snacken zwischendurch. Magen und Dünndarm brauchen Pausen, damit sie sich reinigen können. Wenn sie vollständig leer sind, reiben die Oberflächen ganz leicht aufeinander. Dies macht sich manchmal durch Geräusche bemerkbar, das bekannte Magenknurren.

Lassen Sie aber tagsüber möglichst nicht mehr als ca. vier Stunden zwischen den Mahlzeiten verstreichen. Ein Joghurt mit Früchten, etwas Knabbergemüse mit Dip oder eine Handvoll Nüsse sind wunderbare Zwischenmahlzeiten. Hierdurch werden Heißhungerattacken vermieden und es fällt leichter, die Hauptmahlzeiten kleiner zu halten, was für viele Menschen mit unruhigem Bauch hilfreich ist. Lange Essenspausen sind grundsätzlich nicht schlecht für den Verdauungstrakt – das kommt jede Nacht vor. Wichtig ist aber, dass nach einer längeren Essenspause langsam gegessen, gut gekaut und eine normale Portionsgröße verzehrt wird.

Achtsamkeit tut gut

Gönnen Sie sich und Ihrem Bauch die nötige Zeit für die Einnahme der Mahlzeiten. Essen Sie langsam und kauen Sie gründlich. Schlucken Sie das Essen möglichst als Brei, nicht als Brocken hinunter. Gut gekaut ist schließlich schon halb verdaut. Je feiner das Essen zerkleinert wird, desto größer ist die Angriffsfläche für die Verdauungssäfte. Gönnen Sie sich im Alltag regelmäßige Pausen und nehmen Sie Ihre Mahlzeiten in Ruhe und möglichst ohne Ablenkung ein.

Es ist auch hilfreich, wenn man sich vor einer Mahlzeit mental auf das Essen einstellt. Nehmen Sie bewusst den Geruch wahr, schauen Sie sich das (hoffentlich) appetitliche Gericht an. So läuft einem das Wasser im Mund zusammen und die Verdauungsorgane beginnen ihre Tätigkeit.

Reichlich Gemüse und Salate

Gemüse enthält viele hilfreiche lösliche Ballaststoffe, die die Darmoberfläche mit einer schützenden Schicht überziehen. Außerdem liefert Gemüse das nötige »Futter« für die guten Darmbakterien. Insgesamt sollten es 400–500 g am Tag sein, aufgeteilt auf zwei oder drei Einzelportionen. Anfangs kann es sinnvoll sein, die tägliche Gemüsemenge abzuwiegen. Schon nach wenigen Tagen werden Sie aber ein gutes Gefühl dafür entwickeln, welche Mengen eingekauft, zubereitet und gegessen werden sollten.

Das Tellermodell ...

... zeigt Ihnen, wie eine gesunde und gut bekömmliche Hauptmahlzeit aussehen sollte. Es sind keine genauen Portionsgrößen angegeben, sondern das Modell zeigt optisch, in welchem Verhältnis die Lebensmittelgruppen zueinanderstehen sollten.

Ausreichend Proteine

Proteine sind u. a. in Fleisch, Fisch, Eiern, Nüsse, Quark und Hülsenfrüchten enthalten. Sie dienen nicht nur dem Aufbau und Erhalt der Muskulatur, sondern sind auch hilfreich für eine gute Verdauung. Pro Hauptmahlzeit können ca. 20 g Protein sinnvoll sein (siehe »Hilfreiche Proteine«, Seite 57).

Kohlenhydrate als Beilage

Geben Sie Kartoffeln, Nudeln, Reis und Brot eine Nebenrolle auf Ihrem Teller. Kohlenhydrate sind für den Körper ein Energieträger und sorgen in kleinen Mengen genossen für einen gleichmäßigen Verlauf des Blutzuckerspiegels. Besonders gut eignen sich Lebensmittel mit resistenter Stärke, wie gekochte und anschließend lange abgekühlte Kartoffeln (siehe »Darmbakterien lieben bestimmte Lebensmittel«, Seite 29).

Bunte Vielfalt

Machen Sie Gemüse und Salate zu Hauptdarstellern. Ein halber Teller voll Gemüse bringt nicht nur Farbe, sondern auch geschmackliche Vielfalt! So versorgen Sie Ihren Körper mit einer Menge Vitamine und Mineralstoffe. Außerdem enthält Gemüse viele fermentierbare Ballaststoffe, also Futter für die freundlichen Darmbakterien (siehe »Darm und Bakterien arbeiten Hand in Hand«, Seite 26)!

Aufläufe, Eintöpfe und Co.?

Auch zusammengesetzte Mahlzeiten lassen sich nach dem Tellermodell erstellen. Achten Sie bei der Zubereitung auf das richtige Verhältnis der Zutaten.

Gesundes Öl

Etwas Fett an jedem Essen verbessert nicht nur den Geschmack, sondern auch die Bekömmlichkeit. Als Richtwert können Sie zu jeder Mahlzeit etwa 1–2 EL Fett pro Person hinzufügen – am besten in Form hochwertiger pflanzlicher Öle.

Peppen Sie Fertiggerichte mit Gemüse auf!

Sie können z. B. eine Pizza halbieren und durch gebratenes Gemüse oder einen Salat ergänzen.

Ausgewogene Mahlzeiten

Der Teller sollte etwa zur Hälfte mit Gemüse oder Salat bedeckt sein. Die andere Hälfte teilen sich z. B. Kartoffeln und Fleisch, also die jeweiligen Lieferanten für Kohlenhydrate und Proteine. Außerdem sollte jede Mahlzeit mindestens 1–2 EL Öl oder Fett enthalten. Fett und Protein sorgen dafür, dass der Durchfluss des Nahrungsbreis durch den Dünndarm verlangsamt wird, sodass den Verdauungsenzymen genügend Zeit bleibt, alle Nahrungsinhaltsstoffe in ihre Einzelteile zu zerlegen.

Täglich Joghurt

Joghurt oder ein anderes Sauermilchprodukt wie Dickmilch, Kefir, Ayran oder Buttermilch sollte täglich auf dem Speiseplan stehen. Eine Portion entspricht 150–250 g. Sauermilchprodukte, insbesondere Joghurt, enthalten lebende Milchsäurebakterien, die wie eine Frischekur für die Mikrobiota wirken. Ein Naturjoghurt mit Früchten kann eine wunderbare Zwischenmahlzeit sein. Durch ein paar Nüsse und Hafer- oder Gerstenflocken ergänzt, wird Joghurt mit Früchten sogar eine lange satt machende Hauptmahlzeit. Spezielle Bakterienpräparate aus der Apotheke als Nahrungsergänzung sind in der Regel nicht notwendig. Bei starken Beschwerden können solche Präparate oder Joghurts mit Bifidobakterien aber durchaus Linderung bringen.

Ausreichend trinken

Trinken Sie viel Wasser und/oder Kräutertees. Täglich sollten es mindestens 1,5–2 l sein, das entspricht etwa 8–10 Gläsern oder Tassen, die Sie gleichmäßig über den Tag verteilen.

Ein hoher Kaffeekonsum führt bei empfindlichem Bauch oft zu Beschwerden. Hier sind vor allem die Röststoffe störend. Bevorzugen Sie eine milde Röstung und genießen Sie den Kaffee nur in kleinen Mengen.

Alle Regeln beachtet?

Erst wenn alle diese Regeln beachtet werden und es noch immer zu regelmäßigen Beschwerden im Verdauungstrakt kommt, kann es sinnvoll sein, eine Nahrungsmittelunverträglichkeit bei einem erfahrenen Gastroenterologen abklären zu lassen.

Maßnahmen bei einem unruhigen Bauch

Flohsamenschalen liefern eine große Menge fermentierbarer Ballaststoffe und sind ein wunderbares Futter für die freundlichen Darmbakterien. Sie wirken wie kleine Schwämmchen, die bis zum Sechsfachen ihres eigenen Gewichts an Wasser binden und damit dem Stuhl zu einer optimalen Konsistenz verhelfen. Sie haben eine stuhlregulierende Wirkung und können sowohl bei zu weichem als auch zu festem Stuhl helfen. Erhältlich

Dos & Don’ts der Ernährung für eine gute Verdauung

Dos – Was das Verdauungssystem positiv beeinflusst	Don’ts – Was den Verdauungsprozess stören kann
regelmäßige Mahlzeiten, kleine Portionen	unregelmäßige Mahlzeiten, große Portionen
Zeit und Ruhe beim Essen	hastiges Essen, auch im Gehen oder Stehen; Essen vor dem Fernseher oder dem Computer
ausgewogene Mahlzeiten mit viel Gemüse und ausreichend Protein und Fett	zu viele Brot- und Getreidemahlzeiten
reichlich Gemüse, vor allem in gegarter Form	sehr große Mengen an Obst, vor allem in flüssiger Form (z. B. Smoothies, Fruchtsäfte)
milde Kräutertees	mehr als 2–3 Tassen Kaffee pro Tag
Haferflocken, Haferporridge	zu viele Weißmehlprodukte
Sauermilchprodukte wie Joghurt, Dickmilch, Ayran, Kefir	zu viele Süßigkeiten, Kuchen, Kekse und süße Puddings

sind sie in Apotheken, Reformhäusern und gut sortierten Drogerie- oder Supermärkten.

Und so werden sie angewendet: 1 TL Flohsamenschalen in 100 ml Wasser einrühren und direkt trinken. Erneut 100 ml Wasser ins Glas füllen und trinken.

Die Wirkung zeigt sich meist am nächsten oder übernächsten Tag. Falls die Menge noch nicht ausreicht, kann die »Dosis« durchaus verdoppelt oder verdreifacht werden, sowohl morgens als auch abends. Wer allerdings regelmäßig Arzneimittel nimmt, sollte mit seinem Arzt oder Apotheker besprechen, ob es Wechselwirkungen gibt. Denn manche Wirkstoffe werden von den Flohsamenschalen gebunden und stehen dem Körper dann nicht mehr zur Verfügung. Häufig reicht es aus, die Flohsamenschalen mit einem zeitlichen Abstand von drei bis vier Stunden zu den Arzneimitteln einzunehmen.

Fenchel-Anis-Kümmel-Tee wirkt wunderbar beruhigend auf den Magen-Darm-Trakt. Er ist im Beutel in jedem Supermarkt erhältlich und kann warm oder kalt getrunken werden. Viel besser schmeckt jedoch ein Aufguss aus ganzen Fenchel-, Anis- und Kümmelsamen, die im Mörser etwas zerrieben werden. Die Samen finden sich im Gewürzregal des Supermarktes oder Bioladens.

Anwendung: Samen zu je gleichen Teilen vermischen und dann 2 TL der Mischung mit 250 ml kochendem Wasser aufbrühen und 10 Min. ziehen lassen.

Leinsamenaufguss hilft vor allem bei zu festen Stühlen oder Magenbeschwerden.

Anwendung: 1 EL Leinsamen (ganze Körner) etwas im Mörser zerstoßen, mit 500 ml kochendem Wasser aufgießen und 20 Min. ziehen lassen. Abgießen und über den Tag verteilt trinken.

Moderate Bewegung unterstützt den Verdauungstrakt dabei, seine Funktionen optimal zu erfüllen. Gehen Sie also spazieren oder fahren Sie Rad. Langes Sitzen – im Auto oder am Schreibtisch – klemmt den Darm ein. So werden Darmbewegungen behindert und die Gase sammeln sich in bestimmten Bereichen des Darms.

Die Sache mit den Getränken

Wasser erfüllt in unserem Körper viele wichtige Aufgaben. Zum einen ist es das wichtigste Transportmittel, denn wie kleine Fahrzeuge transportiert das Wasser Nährstoffe vom Verdauungstrakt in die Zellen und »Abfallstoffe« von den Zellen in die Nieren. Deshalb ist ausreichendes Trinken für das Konzentrationsvermögen und die Leistungsfähigkeit sehr wichtig.

Zudem ist Wasser unerlässlich für die Bildung von notwendigen Verdauungssäften und damit also auch für einen ruhigen Bauch. Wussten Sie, dass in unserem Verdauungstrakt jeden Tag ca. sieben Liter Verdauungssäfte gebildet werden?

Achten Sie daher auf eine ausreichende Flüssigkeitszufuhr von mindestens 1,5–2 Liter pro Tag. Das sind etwa 8–10 Gläser oder Tassen. Versuchen Sie, diese Menge möglichst über den Tag verteilt zu trinken. Bei starken, regelmäßigen Durchfällen lieber mehr. Zu den Mahlzeiten sollte jedoch nicht mehr als ein Glas (ca. 200 ml) getrunken werden.

Das beste Getränk ist Wasser. Stille oder kohlensäurearme Varianten sind bei empfindlichem Bauch meist besser verträglich. Aufgrund ihrer beruhigenden Wirkung sind auch milde Kräutertees gut geeignet. Ein hoher Kaffeekonsum führt oft zu Beschwerden, vor allem durch die enthaltenen Röststoffe. Bevorzugen Sie eine milde Röstung und genießen Sie den Kaffee nur in kleinen Mengen, möglichst nicht mehr als 2–3 Tassen am Tag. Stark zuckerhaltige Getränke, wie Fruchtsäfte, Frucht-Smoothies und Limonaden, sind ungeeignet und häufig für einen unruhigen Bauch verantwortlich.

Tipps

Aromatisieren Sie Leitungswasser mit ein paar Blättern Minze oder Basilikum. Auch warme Getränke tun gut bei empfindlichem Bauch. Es kann auch einfach nur warmes Wasser sein.

Bereits durch eine 15-minütige Bewegungseinheit werden die Darmbewegungen angeregt, die Darmschleimhaut wird auch wieder besser durchblutet und kann ihre Funktion besser erfüllen.

Entspannung tut nicht nur dem Bauch, sondern auch der Seele gut. Versuchen Sie, mindestens einmal täglich eine ca. 10–20-minütige Entspannungseinheit in Ihren Alltag einzubauen. Was halten Sie von Waldbaden (ruhiger Aufenthalt im Wald), dem Hören ruhiger Musik, Yoga, Meditation, autogenem Training, Singen, Tanzen? Oder ganz einfach: Legen Sie sich auf eine weiche Unterlage und atmen Sie einige Minuten tief in den Bauch. Wer mit Entspannungsmethoden keine Übung hat, kann sich Anregungen in Kursen bei Krankenkassen, Volkshochschulen und Familienbildungsstätten holen.

Bauchmassagen mit speziellen Ölen, die beruhigende Extrakte aus Fenchel und Lavendel enthalten, können wunderbar entspannend wirken – nicht nur auf den Bauch. Ganz wichtig: Massieren Sie den Bauch in kreisenden Bewegungen immer im Uhrzeigersinn. Der Darm führt den Inhalt auf diesem Weg zum Ausgang.

Sollte es doch mal zu viel Luft im Bauch mit unangenehmen Schmerzen kommen, so kann es helfen, sich auf den Rücken zu legen und die Füße Richtung Gesäß aufzustellen. So wird der Darmausgang im Bauch anders positioniert, wodurch die Luft besser entweichen kann. Verbinden Sie dies mit einer körperwarmen Wärmflasche gegen die Krämpfe oder mit einer wohltuenden Bauchmassage.

Unnötigen Druck auf den Bauch vermeiden. Dieser kann durch zu enge Kleidung, Bodyformer oder Gürtel entstehen. Suchen Sie sich bauchfreundlichere Alternativen.

Bauchmuskeltraining kann Blähungsbeschwerden vorbeugen. Es muss nicht unbedingt ein Waschbrettbauch sein, aber eine stärkere Bauchmuskulatur massiert den Darm bei jedem Atemzug.

Maßnahmen bei spezifischen Bauchbeschwerden

Tipps bei Durchfällen:

- Verzichten Sie auf Vollkornprodukte. Lediglich Hafer kann gegessen werden.
- Trinken Sie täglich 2–2,5 Liter Wasser, leicht gesüßte Getränke oder leicht salzige Brühen. Auch Schwarztee, Tees aus Brombeerblättern oder getrockneten Heidelbeeren sind gut geeignet.
- Nutzen Sie bei besonders wässrigen und lang anhaltenden Durchfällen spezielle Pulver aus der Apotheke zum Ausgleich der Mineralstoffverluste.
- Karottensuppe nach Moro ist gut gegen Durchfall (Seite 82).
- Reisschleim, geriebener Apfel oder schaumig geschlagene Banane wirken stopfend.
- Nutzen Sie Flohsamenschalen (Seite 18).

- Achten Sie auf die richtige Gemüseauswahl (Seite 52).
- Halten die Durchfälle mehr als drei Tage an, sollte ein Arzt aufgesucht werden

.

Tipps bei Verstopfung:

- Trinken Sie täglich mindestens 2 Liter Wasser.
- Essen Sie einmal am Tag eine kleine Handvoll Trockenfrüchte als Snack zwischendurch.
- Nehmen Sie täglich Sauermilchprodukte, wie Joghurt, Kefir oder probiotische Lebensmittel, zu sich (siehe Seite 31).
- Steigern Sie langsam den Ballaststoffgehalt Ihrer Ernährung, z. B. durch größere Mengen an Gemüse, Obst, Vollkornprodukten, Haferflocken.
- Verwenden Sie Flohsamenschalen (Seite 18).
- Meiden Sie stopfende Lebensmittel wie beispielsweise Schokolade, Banane und Heidelbeeren.
- Bewegung hilft! Versuchen Sie, mindestens 30 Minuten täglich aktiv zu sein.
- Achten Sie auf die richtige Gemüseauswahl (Seite 52).

Tipps bei Blähungen:

- Essen Sie in Ruhe und kauen Sie gründlich.
- Fenchel-Anis-Kümmel-Tee ist besonders geeignet.
- Auch Pfefferminztee kann bei Blähungen helfen. Er ist jedoch nicht geeignet, wenn Sie einen schwachen Magen haben.
- Rohkost sollten Sie nur in kleinen Mengen essen. Nehmen Sie stattdessen gedünstetes oder gebratenes Gemüse zu sich.
- Meiden Sie Getränke mit einem hohen Gehalt an Kohlensäure und auch solche mit hohem Zuckergehalt, wie Fruchtsäfte oder Frucht-Smoothies.
- Achten Sie auf die richtige Gemüseauswahl (siehe Seite 52).

Wie unser Verdauungssystem funktioniert

Das Verdauungssystem ist faszinierend. Vom Magen über den Dünndarm bis zum Dickdarm arbeiten alle Organe wie die Musiker eines Orchesters zusammen. Jeder spielt seinen Part.

Viele Botenstoffe und etwa 100 Millionen Nervenzellen sorgen im Normalfall für einen reibungslosen Ablauf der Verdauung. Dafür sind optimale Essgewohnheiten eine wichtige Voraussetzung. Deshalb ist es gut zu wissen, wie die Verdauung funktioniert.

Der Mund – die Eingangspforte

Die Verdauung startet im Mund, aber genau genommen beginnt sie schon vorher. Bereits in dem Moment, in dem unsere Augen etwas Appetitliches sehen, schickt das Gehirn Signale an den Verdauungstrakt und uns läuft der Speichel im Mund zusammen. Der erste Bissen einer Mahlzeit schmeckt besonders intensiv, denn die Geschmacksknospen auf der Zunge und im Gaumen sind noch offen für neue Reize. Durch das Kauen und Einspeicheln wird der Kontakt mit den Geschmacksknospen intensiviert. Außerdem macht der Speichel das Essen gleitfähig und enthält Enzyme, die Kohlenhydrate in ihre Einzelteile zerlegen. Die Zähne zerkleinern die Nahrung und vergrößern so die Oberfläche, damit die Verdauungssäfte mehr Angriffsfläche haben.

Kauen und Einspeicheln können wir noch willentlich steuern. Aber ab dem Moment, in dem der Schluckreflex ausgelöst wird, übernimmt das autonome Nervensystem des Verdauungstrakts die Regie.

»Gut gekaut ist halb verdaut«

Das gründliche Kauen ist bei einem gereizten Darm besonders wichtig. Alles, was vom Mund nicht gut vorbereitet hinuntergeschickt wird, muss vom Rest des Verdauungstraktes – der vielleicht geschwächt ist und nur eingeschränkt arbeiten kann – verdaut werden. Das kann ein echter Kraftakt werden und zu Beschwerden führen.

Der Magen – ein Zwischenspeicher

Die Speiseröhre transportiert die Nahrung in den Magen, der den Speisebrei – je nach Zusammensetzung – etwa ein bis sechs Stunden bearbeitet. Dabei erfolgt eine Durchmischung mit dem Magensaft. Ein Hauptbestandteil des Magensaftes ist Salzsäure, welche die meisten Bakterien abtötet und Proteine in ihrer Struktur so verändert, dass sie besser verdaulich werden. Der Magen trägt mit seiner rauen Oberfläche auch zur weiteren Zerkleinerung der Nahrung bei. Etwa 90 Prozent der Partikel, die den Magen verlassen, sind kleiner als ein Sandkorn. Größere Partikel, z. B. größere Stücke von Maiskörnern oder Nüssen, drückt der Magen mit Kraft durch den sogenannten Pförtner zum Dünndarm.

Der Dünndarm – ein Zerlegebetrieb

Vom Magen gelangt der Speisebrei in kleinsten Portionen in den Dünndarm. Dieser ist ca. fünf Meter lang und ein wesentlicher Ort der Verdauung. Seine Oberfläche ist wie Samt durch kleine Ausstülpungen auf etwa das Vierzigfache (120 m^2) vergrößert. Im oberen Teil des Dünndarms wird der Nahrungsbrei mit Verdauungssäften aus der Bauchspeicheldrüse und der Gallenblase vermischt und zunächst in seine einzelnen Bausteine zerlegt: Kohlenhydrate in Einfachzucker, Proteine in Aminosäuren und Fette in Fettsäuren und Glycerin. Diese Einzelbausteine gelangen im mittleren Abschnitt des Dünndarms durch die Darmwand ins Blut. Einige Stoffe sind so komplex, dass sie erst ganz am Ende des Dünndarms in den Körperkreislauf gelangen. Auch alle Vitamine und Mineralstoffe werden im Dünndarm durch die Darmwand transportiert und gelangen so ins Blut.

Der Dünndarm spielt die erste Geige im Orchester der Verdauungsorgane. Er gibt den Ton an. Im ersten Teil des Dünndarms befinden sich »Empfangsstationen«. Sie analysieren die Zusammensetzung des Speisebreis. Registriert der Dünndarm dabei, dass Proteine und Fette enthalten sind, sendet er Signale an den Magen, damit der Speisebrei langsamer an den Dünndarm weitergegeben wird.

Der Dickdarm – ein Resteverwerter

Alles, was nach der Verdauung übrig bleibt, transportiert der Dünndarm zum Dickdarm. Am Ende des Dünndarms befindet sich die Bauhin-Klappe. Sie besteht aus Schleimhautfalten und funktioniert wie ein Tor, das sich nur in eine Richtung öffnen kann. So wird verhindert, dass der Inhalt aus dem Dickdarm zurück in den Dünndarm fließt. Der Dickdarm ist ca. 1,5 Meter lang und liegt wie ein umgekehrtes U im Bauch. Er ist der beste Resteverwerter, den man sich vorstellen kann. Die Zellen der Darmwand »saugen« überschüssige Flüssigkeit auf, sodass der Restebrei fest wird und den Körper geformt verlassen kann. Zudem beherbergt der Dickdarm Billionen von Bakterien, die alles verwerten, was der Dünndarm übrig gelassen hat. Nebenbei versorgen die Bakterien ihren menschlichen »Gastgeber« noch mit zusätzlichen wertvollen Stoffen, die sie aus der Nahrung gewinnen.

Unsere Darmbakterien

Nicht nur der Dickdarm, sondern alle unsere Körperoberflächen sind mit Bakterien besiedelt. Als Mikrobiota wird die Gesamtheit aller Bakterien bezeichnet. Die Bakteriengemeinschaft des Darms wurde früher als Darmflora bezeichnet, heute spricht man von der intestinalen Mikrobiota, manchmal auch vom Mikrobiom.

Jeder Mensch beherbergt ein individuelles Muster aus etwa 300 verschiedenen Bakterienarten. Biologisch gesehen ist die Mikrobiota ein Ökosystem. Dies lässt sich sehr gut mit dem Ökosystem Wald vergleichen. Hier gibt es friedliche Rehe, schlaue Füchse und wilde Borstenschweine. Wenn eine der Tierarten sich übermäßig vermehrt, kippt das ökologische Gleichgewicht des Waldes. Genauso ist es im Darm. Es gibt freundliche Bakterien, die uns Gutes tun und neutrale, die vermutlich eine ausgleichende Funktion erfüllen. Daneben gibt es aber auch die »bösen«, krankmachenden Bakterien. Wichtig ist, dass die freundlich gesinnten Bakterien die Vorherrschaft behalten und die Krankmacher in Schach halten. Als gesund gilt eine reichhaltige und vielfältig zusammengesetzte Mikrobiota. Lässt

Fett und Protein sind nötig!

Durch eine fett- und proteinhaltige Nahrung wird der Speisebrei langsamer durch den Dünndarm geführt. Das ist eine enorme Hilfe für alle Enzyme und Transportsysteme, die den Speisebrei bearbeiten müssen. Das sorgt für ein verbessertes Wohlbefinden und kann Unverträglichkeiten vorbeugen. Für eine gute Funktion des Verdauungstraktes ist eine passende Menge Fett und Protein (Seite 57) also zwingend erforderlich.

der Artenreichtum nach und gewinnen schädliche Bakterien die Oberhand, können Krankheiten entstehen.

Die Ernährung ist – neben Arzneimitteln – der wichtigste Einflussfaktor für die Mikrobiota. Niederländische Forscher haben über 120 Lebensstilfaktoren entdeckt, die die Mikrobiota beeinflussen. Die Hälfte davon hing mit der Ernährung zusammen. Menschen, die häufig Gemüse, Obst, Kartoffeln und Müsli essen, haben mehr Vielfalt unter den Bakterienstämmen, was als positiv gilt. Das ist der beste Beweis, dass wir mit unserer Lebensmittelauswahl beeinflussen können, ob unsere Darmbakterien uns Gutes tun oder uns eher schaden.

Fakten zur Mikrobiota des Darms

- Sie besteht aus 40 Billionen Bakterien (4×10^{13}). Diese Zahl entspricht etwa der Zahl der körpereigenen Zellen. Jeder von uns hat damit 5000-mal so viele Bakterien im Darm, wie es Menschen auf der Erde gibt.
- Jeder Erwachsene beherbergt ca. 1–1,5 Kilogramm Bakterien in seinem Darm.
- Die Mikrobiota beeinflusst nicht nur, wie der Darm seine Arbeit tut, sondern auch einige Funktionen des Immunsystems, die Aktivitäten der Leber, der Muskel- und Fettzellen und sogar das Gehirn.

Darm und Bakterien arbeiten Hand in Hand

Die Bakterien sind wie winzige »Haustiere«: Sie benötigen Futter. Wenn sie von uns gut versorgt werden, revanchieren sie sich dadurch, dass sie in unserem Darm Gutes bewirken. Ihr Futter bekommen sie aus unserer Nahrung. Im Prinzip beeinflusst alles, was wir essen und trinken, ihre Lebensbedingungen. Das beste Futter für die freundlich gesinnten Bakterien sind sogenannte fermentierbare Ballaststoffe, die vor allem in Gemüse und Obst vorkommen. Zudem sind auch Kartoffeln und Hafer gute Lieferanten dieser hilfreichen Ballaststoffe. Während der Mensch sie nicht verwerten kann, sind die Bakterien sehr wohl dazu in der Lage. Sie nutzen diese Ballaststoffe als Energiequelle und bilden daraus sogenannte kurzkettige Fettsäuren. Eine davon ist das Butyrat (Buttersäure). Dieses wird wiederum von den Schleimhautzellen unserer Darmwand aufgenommen und als Energiequelle genutzt. Dieser Vorgang sorgt dafür, dass die Darmwände intakt bleiben. Das ist Grundvoraussetzung für eine stabile Gesundheit und ein funktionierendes Verdauungssystem. So entsteht eine Symbiose zwischen uns und unseren Darmbewohnern. Wir versorgen die Bakterien mit »Futter«, sie revanchieren sich durch wertvolle Stoffwechselprodukte.

Wichtige Ballaststoffe

Ballaststoffe sind Bestandteile pflanzlicher Lebensmittel, die von unseren Verdauungsenzymen nicht abgebaut werden können. Deshalb wurden sie bei ihrer Entdeckung als »Ballast« bezeichnet. Erst später haben Wissenschaftler herausgefunden, dass sie viele wichtige Funktionen für die Gesundheit ausüben. Sie sind gute Sattmacher, machen den Stuhl weicher und beugen Übergewicht, Bluthochdruck, Herz-Kreislauf-Erkrankungen und sogar einigen Krebsarten vor. Wissenschaftliche Untersuchungen lassen vermuten, dass ein Fehlen dieser Ballaststoffe gravierende Folgen haben kann. Bei einer Untersuchung an Labortieren wurde beobachtet, dass der Wegfall der Ballaststoffe, also des Bakterienfutters, bewirkte, dass die Bakterien die Schleimschicht der Darmwand anknabberten. Das schädigt die Darmbarriere und kann erhebliche Störungen der Gesundheit verursachen.

Im Hinblick auf den Einfluss der Ballaststoffe auf die Mikrobiota muss man zwischen zwei Arten unterscheiden:

- **Nicht fermentierbare Ballaststoffe** können weder von den Verdauungsenzymen noch von den Enzymen der Bakterien abgebaut werden. Dazu gehören z. B. Zellulose und Lignin, das sind Gerüstsubstanzen der Zellwände von Pflanzen. Diese passieren den gesamten Verdauungstrakt praktisch unverändert, sorgen aber dafür, dass das Stuhlvolumen steigt. Dadurch werden die Darmwände gedehnt, die Darmbewegungen angeregt und der Stuhl im Dickdarm besser transportiert. Bei zu festem Stuhl sind sie also eine wertvolle Hilfe. Nicht fermentierbare Ballaststoffe kommen vor allem in Getreideprodukten aus Vollkorn, Hülsenfrüchten und sehr festen Gemüsearten wie Kohl vor.
- **Fermentierbare Ballaststoffe** – das sind die allermeisten – werden von den Bakterien verwertet. Sie gewinnen daraus Energie für ihr eigenes Wachstum. Als Nebenprodukt entstehen unter anderem Gase, die normalerweise den Darm in Form von »Pupsen« verlassen. Diese sind also etwas ganz Normales und ein Zeichen für eine gut arbeitende Mikrobiota. Etwa 10–20 Pupse am Tag sind normal. Nur bei empfindlichen Menschen können die Gase zu übermäßigen oder festsitzenden Blähungen und unangenehmen Bauchbeschwerden führen. Neben den Gasen bilden die Bakterien auch sogenannte kurzkettige Fettsäuren (Acetat, Propionat und Butyrat). Diese gelten als Schlüsselsub-

stanzen für die Gesundheit, weil sie zum einen als Energiequellen für die Schleimhautzellen des Darms dienen und zum anderen die Bildung von Sättigungshormonen im Gehirn fördern. Gemüse, Obst, Haferflocken und Kartoffeln sind die besten Lieferanten fermentierbarer Ballaststoffe. Insbesondere gekochte und abgekühlte Kartoffeln enthalten viel davon. Sie werden von den Bakterien besonders gut verwertet. Kartoffeln sind daher stets eine bessere Alternative zu Nudeln oder Reis.

Tipp Essen Sie mit jeder Mahlzeit Gemüse oder Obst, damit Ihre Darmbakterien durch die darin enthaltenen Ballaststoffe auch etwas zu futtern haben.

Darmbakterien lieben bestimmte Lebensmittel

Alles, was wir essen und trinken, bekommen auch unsere Darmbewohner serviert. Daher lohnt es sich unbedingt, auf eine bewusste Ernährung zu achten.

Die allermeisten Studien zeigen, dass eine pflanzlich betonte Ernährungsweise nach mediterranem Vorbild die besten Voraussetzungen für eine gesunde Mikrobiota liefert. Nur in diesen Lebensmitteln sind verwertbare Ballaststoffe und noch einige andere förderliche Inhaltsstoffe enthalten.

Besonders beliebt: Kartoffelsalat

Kartoffeln enthalten vor allem Stärke. Nach dem Kochen und Abkühlen entwickelt sich daraus ein ganz besonderes Bakterienfutter. Durch Hitzeeinwirkung verändert sich die Struktur der Stärke. Sie wird verdaulich, das heißt, die Verdauungsenzyme im Dünndarm können sie in ihre Bausteine zerlegen. Lagert man die Kartoffeln jedoch nach dem Kochen mindestens zwölf Stunden im Kühlschrank, bildet ein Teil der Kartoffelstärke vernetzte Strukturen, die von unseren Verdauungsenzymen nicht mehr »geknackt« werden können. Diese Form der Stärke wird im Dünndarm nicht verwertet und heißt daher resistente Stärke. So gelangt diese Stärke in den Dickdarm, wo sie freundlich gesinnten Darmbakterien als Nahrung dient. Diese können sich besser vermehren und ihre nützlichen Eigenschaften entfalten. Resistente Stärke entwickelt sich auch in abgekühlten Nudeln und in Reis. Der Gehalt in diesen beiden Lebensmitteln ist allerdings deutlich niedriger als in Kartoffeln.

Tipp Essen Sie mehrmals pro Woche eine kleine Portion Kartoffeln, idealerweise vorgekocht und mindestens 12 Stunden gekühlt (siehe »Die tollen Knollen«, Seite 36).

Ebenfalls beliebt: Haferflocken, Gerste und Äpfel

In den Randschichten von Hafer kommt eine bestimmte Form von löslichen Ballaststoffen vor, sogenannte Beta-Glucane. Sie besitzen ein sehr hohes Quellvermögen und bilden ein Gel, wenn sie mit Flüssigkeit, wie Getränken oder Verdauungssäften, gemischt werden. Dieses Gel kann auf der Oberfläche des Magen-Darm-Trakts eine Schutzschicht bilden. Außerdem sind die Beta-Glucane ein gutes Futter für die freundlichen Darmbakterien, die hieraus – ebenso wie bei der resistenten Stärke – Butyrat bilden. Da die Beta-Glucane in den Randschichten der Haferkörner vorkommen, enthält Haferkleie etwa doppelt so viele Beta-Glucane wie das ganze Korn oder die Haferflocke, denn die Flocken werden durch Pressen aus ganzen Körnern hergestellt. Haferkleie (also die abgetrennten Randschichten) kann beispielsweise Müsli bereichern, ist aber auch zum Backen und Binden (z. B. von Suppen) geeignet.

Doch Achtung: Wer Medikamente wie Schilddrüsenhormone oder Blutdrucksenker nimmt, sollte seinen Haferbrei lieber mit einem Abstand von vier Stunden zu den Arzneimitteln verzehren. Die Beta-Glucane können die Wirkstoffe binden, sodass sie dem Körper nicht mehr zur Verfügung stehen.

Eine weitere gute Quelle für Beta-Glucane ist Speisegerste, die leider etwas aus der Mode gekommen ist. Unsere Großmütter haben viel öfter mit Gerste oder Gerstengraupen gekocht. Im Handel gibt es Gerste in Form von Körnern, Flocken und Graupen. Gerstengraupen lassen sich wie Reis zubereiten, z. B. als Risotto, in Pfannengerichten oder als Beilage. Gerstenflocken werden genauso verwendet wie Haferflocken.

Tipp Essen Sie mehrmals pro Woche Hafer in Form eines Müslis oder Porridge (Seite 79). Probieren Sie auch Gerichte mit Gerstengraupen (Rezept Seite 118).

Wer kennt nicht den Spruch »An apple a day keeps the doctor away«? Äpfel enthalten jede Menge Pektin, auch ein gelbildender Ballaststoff, der ein Vielfaches seines Eigengewichtes an Wasser bindet. Dies machen wir uns bei der Herstellung von Marmelade/Konfitüre zunutze. Pektinstoffe werden zu fast 100 Prozent von den Darmbakterien verwertet. Neben Äpfeln enthalten auch Möhren und Obstarten wie Aprikosen, Birnen und Pflaumen reichlich Pektine.

Tipp Essen Sie etwa zwei Portionen Obst am Tag, das sind ca. 250 g. Wählen Sie

Früchte aus der Region und entsprechend dem saisonalen Angebot. Ein Apfel am Tag ist eine gute Wahl.

Grundsätzlich gilt bei empfindlichem Bauch:

Essen Sie Obst immer in Kombination mit proteinhaltigen Lebensmitteln. Hierdurch wird der Transport im Dünndarm verlangsamt und der Fruchtzucker effektiver von der Darmwand aufgenommen. Andernfalls kann er schon mal in den Dickdarm rutschen und dort für Unruhe sorgen. Genießen Sie Früchte also am besten zusammen mit Joghurt, Quark, einigen Mandeln, Käsewürfeln oder als Nachspeise.

Buntes Gemüse und Obst

Rote Bete, Rotkohl, Pflaumen und Heidelbeeren – diese violetten Sorten enthalten natürlich vorkommende Farbstoffe, welche die Zusammensetzung der Mikrobiota verbessern können. Diese Farbstoffe zählen zur Gruppe der Polyphenole, die nur zu einem geringen Anteil in den Blutkreislauf aufgenommen werden. Etwa 80 Prozent der aufgenommenen Polyphenole verbleiben im Darm, wo sie nützliche Bakterienarten fördern, die die Darmbarriere stärken. Diese ist der Schutzschild, welcher das Darminnere vom Blutkreislauf trennt. Eine starke Darmbarriere bietet einen Schutz vor dem Eindringen krankmachender Bakterien und ihrer schädlichen Stoffwechselprodukte. Neben bunten Gemüse- und Obstarten enthalten auch Kräuter wie Petersilie und Basilikum sowie Gewürze wie Curry und Paprika Polyphenole.

Tipp Bringen Sie Farbe auf Ihren Teller. Essen Sie reichlich buntes Gemüse und Obst. Würzen Sie mit Kräutern und farbigen Gewürzen.

Sauermilchprodukte

Sauermilchprodukte wie z. B. Joghurt, Dickmilch oder Ayran entstehen mithilfe von lebenden Milchsäurebakterien. Am häufigsten werden dafür verschiedene Stämme aus der Gattung der Laktobazillen verwendet. Sie erzeugen Milchsäure, die dazu führt, dass das Milchprotein dickflüssig wird. Die Fermentation mithilfe von Milchsäurebakterien ist eines der ältesten Verfahren zum Haltbarmachen von Lebensmitteln. Weltweit sind etwa 5000 Lebensmittel bekannt, die mit Laktobazillen hergestellt werden. Sauerkraut, Sauerteigbrot, Kimchi und Miso sind weitere Beispiele.

Studien zeigen, dass die Bakterienkulturen, die für Sauermilchprodukte verwendet werden, auch in der Mikrobiota vorkommen. Von allen fermentierten Lebensmitteln besitzt Joghurt die höchste Bakteriendichte.

Clevere Kraftpakete

Hülsenfrüchte machen richtig satt und können einen guten Fleischersatz darstellen, denn sie stecken voll hochwertiger pflanzlicher Proteine!

Gleichzeitig liefern sie viele Ballaststoffe, die die Bewegungen des Darms für den Weitertransport des Speisebreis anregen und ideales Futter für die Darmbakterien sind.

Geschmacklich sehr vielseitig

Dicke Bohnen oder Kidneybohnen, Erbsen, Kichererbsen, rote, gelbe oder schwarze Linsen und Sojabohnen sind nur einige Beispiele. Neben der vielfältigen Auswahl lassen sie sich auch vielseitig verwenden. Einige Möglichkeiten finden Sie im Rezeptteil (Seite 69).

Gut für Landwirtschaft und Ökosysteme

Als einzige Pflanzen können Hülsenfrüchte Stickstoff aus der Luft binden und an den Boden abgeben. Somit ist weniger synthetischer Stickstoffdünger notwendig.

Gibt es in vielerlei Varianten

Ob getrocknet, in Konserven oder tiefgekühlt, Hülsenfrüchte sind das ganze Jahr preiswert im Supermarkt verfügbar. Frisch gibt es bei uns Bohnen und Erbsen von Juni bis September.

Machen doch immer Blähungen?!

Blähungen werden vermieden, wenn man mit kleinen Mengen Hülsenfrüchten startet, damit sich der Darm daran gewöhnt. Dann kann langsam gesteigert werden.

Tipps für bessere Verträglichkeit:

- Achten Sie bei Gerichten mit Hülsenfrüchten besonders auf eine ausreichende Zugabe von Fetten oder Ölen.
- Große getrocknete Erbsen- und Bohnenarten sollten vor dem Kochen eingeweicht werden, um die Bekömmlichkeit zu erhöhen. Wasser nach dem Einweichen unbedingt wegschütten, da sich ein Teil der blähenden Inhaltsstoffe darin löst.
- Hülsenfrüchte aus Konserven sollten abgespült werden.
- Garen Sie die Hülsenfrüchte gut durch!
- Durch Pürieren werden Zellwände der Hülsenfrüchte zerstört, was die Verdaulichkeit verbessert! Probieren Sie doch mal einen Linsen-Aufstrich (Seite 74).
- Eine kleine Menge Kümmel zu oder nach dem Essen verbessert ebenfalls die Verträglichkeit.

Bereits 1907 propagierte der Mediziner und Nobelpreisträger Ilja Metchnikoff, dass regelmäßiger Joghurtkonsum die Gesundheit fördert und das Leben verlängert. Mehr als 100 Jahre später bestätigen Forscher die schützende Wirkung von Sauermilchprodukten vor der Entstehung von Herz-Kreislauf-Erkrankungen und Dickdarmkrebs.

Tipp Essen Sie täglich einen Becher Joghurt (ca. 150–200 g), am besten als Naturjoghurt. Das passt zum morgendlichen Müsli oder bildet zusammen mit frischen Früchten eine gute Zwischenmahlzeit.

Probiotische Power-Bakterien

Neben den herkömmlichen Bakterienkulturen gibt es spezielle Bakterienstämme, die in einigen Fällen einen stärkeren positiven Effekt auf die Gesundheit ausüben. Sie tragen die Bezeichnung »Probiotika«. Probiotische Bakterienstämme werden in Form von Lebensmitteln, Nahrungsergänzungsmitteln und Arzneimitteln angeboten. In probiotischen Lebensmitteln werden vor allem Laktobazillen und Bifidobakterien eingesetzt, die eine höhere Säuretoleranz als andere Bakterienstämme besitzen und deshalb den Transport durch den Magen und Dünndarm zum größeren Teil überleben. Sie können sich vorübergehend im Dickdarm ansiedeln und hier ihre gesundheitsfördernden Wirkungen entfalten.

Studien belegen ihre Wirksamkeit beim Reizdarmsyndrom, bei chronisch entzündlichen Darmerkrankungen und in der Prävention von Durchfallerkrankungen als Folge einer Antibiotikabehandlung. Der Begriff »probiotisch« darf jedoch im Zusammenhang mit Lebensmitteln und Nahrungsergänzungsmitteln aufgrund eines EU-Gesetzes nicht verwendet werden. Probiotische Lebensmittel erkennt man an der Zusatzinformation, dass sie bestimmte Bakterien in besonders hoher Zahl enthalten.

Beim Reizdarmsyndrom können probiotische Lebensmittel oder Präparate, die Bifidobakterien enthalten, nachweislich bestimmte Symptome (z. B. Schmerzen, Blähungen, Verstopfung) lindern. In medizinischen Leitlinien werden Probiotika ausdrücklich als Therapieoption genannt. Der Anwender sollte ein wenig Geduld mitbringen. In der Regel setzt der Effekt erst nach einer konsequenten Einnahme von zwei bis vier Wochen ein. Eine optimale Wirkung ist jedoch nur im Rahmen einer insgesamt darmgesunden Ernährung zu erwarten.

Tipp Probieren Sie probiotische Lebensmittel und Präparate mit Bifidobakterien, wenn Sie trotz einer darmfreundlichen Ernährung unter regelmäßig wiederkehrenden Darmbeschwerden leiden.

Ernährungsempfehlungen zur Förderung einer gesunden Mikrobiota

Empfehlung	Umsetzung
darmfreundliche Bakterien aufnehmen	täglich Sauermilchprodukte wie Joghurt, Probiotika, Ayran, Kefir zu sich nehmen
nützliche Bakterien mit Futter versorgen	in jeder Mahlzeit Ballaststoffe, also vor allem Gemüse oder eine kleine Menge Obst, abgekühlte Kartoffeln oder Getreideflocken
vorteilhafte Bakterien im Darm fördern	reichlich buntes Gemüse, Obst, Kräuter und Gewürze essen

Zusatzstoffe

In diesem Buch wird an vielen Stellen empfohlen, auf vorgefertigte Nahrung zu verzichten und selbst den Kochlöffel zu schwingen. Das hat viele Gründe: Wer sein Essen selbst zubereitet, kann die Zutaten nach eigenem Geschmack auswählen und so kombinieren, dass sich eine sinnvolle Zusammensetzung der Speisen ergibt. Außerdem werden künstliche Zusatzstoffe vermieden. Vorgefertigte Lebensmittel enthalten häufig Zusatzstoffe. Sie sind in der Zutatenliste mit ihrem Namen oder ihrer E-Nummer aufgeführt. Viele Zusatzstoffe sind aus gesundheitlicher Sicht wahrscheinlich unbedenklich, allerdings wurde die Wirkung von Zusatzstoffen auf die Mikrobiota bisher kaum untersucht. Aktuelle Studien an Labortieren zeigen, dass einige Zusatzstoffe den Darmbakterien schaden. Dazu zählen die Emulgatoren Carboxymethylcellulose (E 466) und Polysorbat 80 (E 433). Diese beiden Zusatzstoffe sind in der EU zugelassen und wurden bislang als nicht kritisch eingestuft. Nun stehen sie im Verdacht, Darmentzündungen hervorzurufen oder zu verstärken. Ob und in welcher Weise auch andere Zusatzstoffe negative Wirkungen haben, ist noch nicht bekannt. Wer auf Nummer sicher gehen will, wird sein eigener Küchenchef und bereitet sein Essen aus hochwertigen und frischen Zutaten selbst zu.

Das richtige Essen für einen ruhigen Bauch

Gemüse, Kartoffeln, etwas Fett und eine Proteinquelle – das sind sehr wichtige Zutaten für eine gut bekömmliche Mahlzeit.

Menschen mit einem gereizten Darm können Beschwerden lindern, indem sie Reizstoffe und schwer Verdauliches meiden und so ihr Verdauungssystem entlasten. Wenn zusätzlich noch auf eine gute Pflege der Darmbakterien geachtet wird, hat man die Chance, dass der Darm sich dauerhaft beruhigt.

Die tollen Knollen

Kartoffeln führen in der modernen deutschen Küche ein Schattendasein. Das haben sie nicht verdient. Sie werden sowohl kulinarisch als auch ernährungsphysiologisch unterschätzt!

Was viele erstaunt: Im Vergleich zu Nudeln und Reis sind Kartoffeln figur-

Kartoffelsaft: ein traditionelles Arzneimittel

Kartoffelsaft hilft gegen Sodbrennen, das entsteht, wenn Magensäure in die Speiseröhre aufsteigt. Der Saft kann die überschüssige Säure binden. Er ist in Apotheken und Reformhäusern erhältlich, kann aber auch ganz einfach selbst hergestellt werden. Hierfür eine rohe Kartoffel großzügig schälen, alle grünen Stellen und Augen entfernen, auf einer Reibe fein raspeln und den Saft durch ein feines Tuch auspressen. Sofort trinken.

freundlicher. Eine Portion Kartoffeln (200 g) liefert mit 150 kcal deutlich weniger Kalorien als die gleiche Menge gekochte Nudeln (260 kcal) oder Reis (210 kcal). Eine 200-Gramm-Portion Kartoffeln entspricht etwa 2–3 eigroßen Knollen. Auch der Gehalt an Kohlenhydraten liegt bei den Ackerfrüchten um ein Drittel niedriger als bei den anderen Sättigungsbeilagen. Außerdem punkten Kartoffeln mit deutlich mehr Kalium, was Bluthochdruck vorbeugen kann.

Für Menschen mit gereiztem Darm sind Kartoffeln ideal, denn sie sind sehr gut verträglich. Zudem trägt die resistente Stärke in abgekühlten Kartoffeln zur Verbesserung der Mikrobiota bei. Beliebt sind Kartoffeln auch aufgrund ihrer basischen Wirkung. Sie liefern viele Mineralstoffe, die eine ausgleichende Wirkung auf den Säure-Basen-Haushalt haben.

Allrounder in der Küche

In der Küche sind die ovalen Knollen wahre Allrounder. Je nach Zubereitungsart bescheren sie uns die unterschiedlichsten Geschmacks- und Genusserlebnisse. Gekocht schmeckt die Kartoffel – je nach Sorte – angenehm süßlich und

Eignung der Kartoffeln für verschiedene Zubereitungen

Bezeichnung	Sorten (Auswahl)	Eigenschaften	geeignet für
festkochend	Agata, Bamberger Hörnchen, Cilena, Ditta, Nicola, Serafina, Sieglinde, Selma	relativ wenig Stärke; bilden beim Kochen glatte, feste Struktur; Schale platzt beim Kochen nicht auf	alle Gerichte, bei denen dünne, feste Scheiben benötigt werden: Salate, Gratins, Tortillas, Wedges, Pellkartoffeln
vorwiegend festkochend	Ackersegen, Berber, Bintje, Granola, Quarta, Laura, Linda, Marabel, Satina, Secura, Solara, Toscana, Velox	mittelfest bis mehlig, je nach Sorte und Gardauer; Schale platzt beim Kochen leicht auf; schöne Bräunung beim Backen und Braten	Beilagen, Aufläufe, Gratins, Bratkartoffeln, Ofenkartoffeln, Suppen
mehlig kochend	Adretta, Afra, Agria, Karlena, Likaria, Ora, Melina, Mira	höherer Stärkegehalt; erhalten beim Kochen brüchige mehlige Struktur; Schale platzt beim Kochen stark auf	Kartoffelstampf, Kartoffelpüree, Gnocchi, Klöße, Reibekuchen, Rösti, Kroketten

nussig und ist die ideale Ergänzung für viele Gemüse- und Fleischgerichte. Wird sie gebraten, überrascht sie mit einer festen Kruste und herrlichem Röstaroma. Eine Kartoffel aus dem Ofen ist außen knusprig und innen weich. Kartoffelpüree punktet mit einem cremigen Schmelz auf der Zunge.

Bei der Zubereitung kann man fast nichts falsch machen. Wer sich Arbeit ersparen möchte, verwendet sie als Pellkartoffel. Nur waschen und abbürsten (z. B. mit der rauen Seite eines Küchenschwamms), im Topf zur Hälfte mit Wasser bedecken und ab auf den Herd. Je nach Dicke der Kartoffeln sind sie in 20–25 Minuten gar.

Damit die Kartoffel kulinarisch ihr volles Potenzial entfalten kann, wählt man – je nach Zubereitungsart – zwischen verschiedenen Sorten. Wer eine Universalkartoffel wünscht, greift am besten zu einer vorwiegend festkochenden Sorte.

Ideale Begleiter von Kartoffeln:

- Kräuter
  - Majoran
  - Oregano
  - Rosmarin
  - Thymian
  - Petersilie
  - Schnittlauch
  - Pimpinelle

Kartoffelsalat – ein echter Allrounder

Durch die enthaltene resistente Stärke versorgt Kartoffelsalat Ihre freundlichen Darmbakterien mit gutem Futter. Zudem lässt er sich auch variantenreich und mit reichlich buntem Gemüse zubereiten. Gemüse liefert zusätzliche Vitamine und Mineralstoffe sowie fermentierbare Ballaststoffe, die für eine gute Verdauung nötig sind. Außerdem reduziert ein hoher Gemüseanteil den Kaloriengehalt der Mahlzeit. Ein weiterer Nutzen für die Gesundheit sind die im Kartoffelsalat verwendeten pflanzlichen Öle, denn sie liefern wertvolle Fettsäuren. Diese kommen übrigens auch in Mayonnaise vor, da sie aus pflanzlichem Öl hergestellt wird. Je nach Geschmacksrichtung kann der Salat mit Olivenöl oder diversen kalt gepressten Ölen, wie Sonnenblumenöl, angerichtet werden. Kartoffelsalate lassen sich sehr gut vorbereiten, schmecken oft am nächsten Tag noch besser und können für Berufstätige eine leckere und sättigende Mittagsmahlzeit sein.

Tipp: Ergänzen Sie Kartoffelsalat mit einer Proteinquelle (Seite 57), wie Fisch, Geflügel, Ei, Hülsenfrüchte oder Tofu. Dann ist er noch besser verträglich und hält länger satt. Rezepte finden Sie ab Seite 42.

- Gewürze
  - Salz
  - Pfeffer
  - Curry
  - Kurkuma
  - Lorbeer
  - Paprika
  - Muskat
  - Tonkabohne

Tipps für die Küchenpraxis

Schälen: ja oder nein? Sowohl aus kulinarischer als auch aus ernährungsphysiologischer Sicht hat die Kartoffelschale viele Vorteile. Sie schützt die Kartoffel beim Kochen vor dem Verlust von Vitaminen, Mineralstoffen und vielen aromagebenden Substanzen. Im Mai/Juni geerntete Früh- und Sommerkartoffeln haben nur eine sehr dünne Schale, die ohne Weiteres mitgegessen werden kann. Späte Kartoffelsorten und Lagerkartoffeln sind für Pellkartoffeln perfekt. Sie haben meistens eine dickere Schale und sollten deshalb vor dem Verzehr gepellt werden. Wenn sich bei längerer Lagerung »Augen«, Keimansätze oder grüne Stellen gebildet haben, sollten die Kartoffeln besser vor dem Kochen geschält und dabei alle unschönen Stellen großzügig entfernt werden.

Roh oder gekocht? Kartoffeln sind nicht für den Rohverzehr geeignet, da die unverdauliche rohe Kartoffelstärke Bauchschmerzen auslösen kann. Außerdem können sie geringe Mengen des Bitterstoffs Solanin enthalten, der in das Kochwasser übergeht. Kartoffeln müssen immer in kaltem Wasser aufgesetzt werden. Gäbe man sie in kochendes Wasser, würden sie außen schneller weich werden als innen und leichter zerfallen. Wenn es schnell gehen muss, lassen sich Kartoffeln auch – ohne Wasser – abgedeckt in der Mikrowelle garen. Je nach Größe sind sie bei voller Leistung in 3–7 Minuten gar.

Kartoffelstampf oder Püree? Hierfür verwendet man mehligkochende Kartoffeln. Beim Kartoffelstampf werden die gekochten Kartoffeln mit einem Stampfer zerkleinert. Für ein besonders feines Püree nimmt man am besten eine Kartoffelpresse oder eine »flotte Lotte«, aber keinesfalls einen Pürierstab. Beim Pürieren wird zu viel Stärke freigesetzt, sodass das Püree zäh wie Kleister wird.

Bio oder konventionell? Kartoffeln fallen äußerst selten durch Überschreitungen der Höchstmengen von Pflanzenschutzmitteln auf. Im Gegensatz zu den Bio-Produkten dürfen Kartoffeln aus konventionellem Anbau nach der Ernte mit keimhemmenden Mitteln behandelt werden. Dies muss mit »Nach der Ernte behandelt« gekennzeichnet werden. Bei Bio-Kartoffeln darf zur Keimhemmung lediglich Kümmel- oder Pfefferminzöl eingesetzt werden. Frühkartoffeln sind in der Regel unbehandelt, weil sie nur kurzzeitig gelagert werden.

Resistente Stärke

Stärke besteht aus langen Ketten von Zuckerbausteinen und wird ausschließlich von Pflanzen gebildet. Für unseren Körper sind stärkereiche Lebensmittel wichtige Energiequellen.
Resistente Stärke ist eine besondere Form der Stärke, die von unseren Verdauungsenzymen nicht gespalten werden kann. Da sie also resistent gegen die Verdauung ist, gelangt sie in den Dickdarm, wo sie darmfreundlichen Bakterien als Nahrung dient. Diese bilden daraus die kurzkettige Fettsäure Butyrat und stellen diese den Zellen der Darmwand zur Verfügung, also ein Geben und Nehmen. Die Zellen der Darmwand wiederum nutzen das Butyrat als Energieträger und können so eine hohe Leistungsfähigkeit gewährleisten. Eine gut funktionierende Darmwand ist Grundvoraussetzung für eine reibungslose Verdauung und eine stabile Gesundheit.

Einige Lebensmittel, wie Getreidekörner, Hülsenfrüchte oder unreife Bananen, enthalten bereits von Natur aus größere Mengen an resistenter Stärke. Bei Kartoffeln und einigen Getreideprodukten entsteht sie, wenn diese nach einem Erhitzungsprozess (z. B. im Kochtopf oder im Backofen) mindestens zwölf Stunden im Kühlschrank gelagert werden. Auch bei der Herstellung von Brot entsteht resistente Stärke, insbesondere bei der traditionellen Sauerteigführung. Die tägliche Aufnahme von resistenter Stärke wird auf etwa 3–6 g geschätzt. Durch gegarte und abgekühlte Kartoffeln können Sie die Aufnahme ganz einfach steigern und Ihre Darmgesundheit fördern.
Tipp: Grobe Roggenvollkornbrote sind trotz Herstellung mit Sauerteig nicht immer gut verträglich, Sauerteigbrote aus fein gemahlenem Dinkelvollkornmehl hingegen in der Regel problemlos.

Wie resistente Stärke entsteht

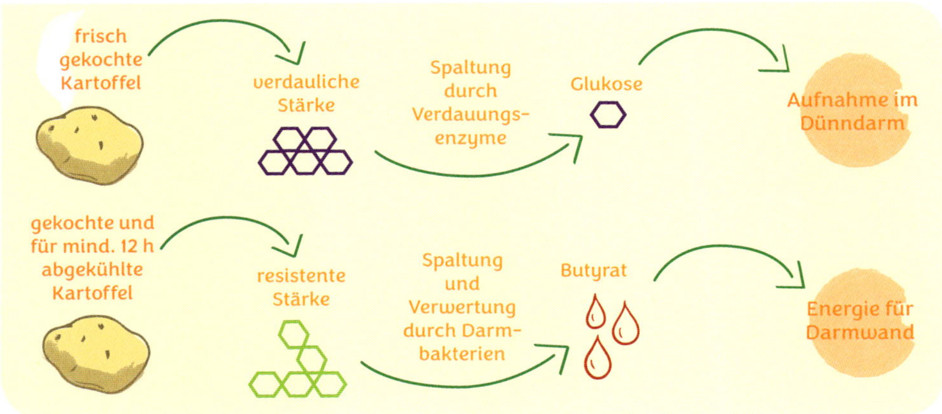

Gehalt an resistenter Stärke in Lebensmitteln

Lebensmittel	Gehalt (g pro 100 g)	
Haferflocken	7,7	hoher Gehalt von Natur aus
Roggenvollkornbrot	ca. 6	Anstieg durch Herstellung mit Sauerteig
Kartoffelsalat	5,2–5,9	entsteht bei der Kühllagerung von Kartoffeln
Gerstenflocken	4,5	hoher Gehalt von Natur aus
Cornflakes	4,0	entsteht beim Herstellungsprozess
Hülsenfrüchte (z. B. Kichererbsen, Kidneybohnen, Linsen)	2–4	hoher Gehalt von Natur aus, Anstieg durch Kochen und Kühlen
Risottoreis, weiß, gekocht und abgekühlt	3,7	
Pasta, Hartweizen, gekocht und abgekühlt	3,4	
Bananen	1,8–2,8	von Natur aus enthalten, höhere Gehalte in unreifen Bananen
Roggenmischbrot	1,9–2,8	Gehalte abhängig von Getreidesorte und Herstellungsprozess
Weizenvollkornbrot	1,7–2,9	
Weißbrot, Baguette	1,0–1,6	
Kartoffeln, frisch gekocht	0,7–4,6	je nach Sorte
Kartoffeln, gekocht und abgekühlt	1,3–6,4	je nach Sorte und Kühldauer
Risottoreis, weiß, frisch gekocht	1,4	
Pasta, Hartweizen, frisch gekocht	1,2	
Langkornreis, gekocht und abgekühlt	0,9	

Kartoffel-salate

Exotischer Kartoffelsalat mit roten Linsen (Seite 44)

Mediterraner Kartoffelsalat (Seite 45)

Klassischer Kartoffelsalat mit Ei und Gurke (Seite 47)

Weckt Abenteuerlust

Exotischer Kartoffelsalat mit roten Linsen

Für 2 Portionen

35 Min. (mit vorgekochten Kartoffeln ca. 20 Min.) + 15 Min. zum Durchziehen

- 400 g gegarte Kartoffeln (vorwiegend festkochend)
- 125 ml heiße Gemüsebrühe
- 100 g getrocknete rote Linsen
- Salz
- 1 Lorbeerblatt
- 2 Möhren
- 1 kleine Stange Lauch
- 2 EL Olivenöl
- 5 EL weißer Balsamessig
- 1 Prise Zucker
- 1 EL Senf
- 1 Apfel
- 50 g Feldsalat

Kartoffeln am Vortag gar kochen, pellen und im Kühlschrank lagern. Alternativ frische Kartoffeln kochen und pellen..

Kartoffeln in Scheiben schneiden. In einer großen Salatschüssel mit heißer Gemüsebrühe übergießen und ziehen lassen.

In der Zwischenzeit Linsen abspülen. 200 ml Wasser zum Kochen bringen, Salz und Lorbeerblatt hinzugeben und Linsen darin in ca. 7 Min. bissfest garen. Gegebenenfalls Wasser nachgießen. Linsen abgießen, abschrecken und abtropfen lassen, Lorbeerblatt entfernen.

Möhren schälen und in feine Scheiben schneiden. Lauch in feine Ringe schneiden. 1 EL Öl in einer Pfanne erhitzen und Möhren sowie Lauch darin ca. 4 Min. bei mittlerer Hitze andünsten und salzen. Linsen zugeben und mit Essig ablöschen. Kurz weiterköcheln lassen, dann vom Herd nehmen und Zucker, Senf sowie restliches Öl untermischen und alles zu den Kartoffeln geben. Gut vermischen und ca. 15 Min. ziehen lassen.

Inzwischen Apfel vierteln, entkernen und quer in feine Scheiben schneiden. Feldsalat waschen und trocken schütteln. Beides direkt vor dem Servieren unter den Salat heben und mit Salz abschmecken.

Nährwerte

530 kcal • 20 g E • 15 g F • 76 g KH • 15 g BST

Weckt Urlaubserinnerungen

Mediterraner Kartoffelsalat

Für 2 Portionen

45 Min. (mit vorgekochten Kartoffeln ca. 30 Min.) + 30 Min. zum Durchziehen

- 400 g gegarte Kartoffeln (festkochend)
- ca. 100 ml Gemüsebrühe
- 100 g Feta
- 50 g getrocknete Tomaten in Öl
- 50 g schwarze Oliven
- 250 g Brokkoli
- 2 EL Olivenöl
- 1 EL Weißweinessig
- Salz, Pfeffer
- Kräuter der Provence (alternativ frischer Thymian oder Rosmarin)

- Kartoffeln am Vortag gar kochen, pellen und im Kühlschrank lagern. Alternativ frische Kartoffeln kochen und pellen.

- Kartoffeln vierteln, in ca. 1 cm dicke Scheiben schneiden und zunächst mit ca. 50 ml heißer Gemüsebrühe übergießen. Wenn die Gemüsebrühe aufgesogen wurde, diesen Vorgang wiederholen.

- Feta und getrocknete Tomaten würfeln und mit abgetropften Oliven vorsichtig unterheben.

- Brokkoliröschen blanchieren und unterheben.

- Für das Dressing Olivenöl mit Weißweinessig verrühren und mit Salz, Pfeffer sowie Kräutern würzen. Dressing zugeben, wenn die Brühe weitgehend aufgesogen wurde. 30 Min. durchziehen lassen.

Variante Verwenden Sie hier auch andere Gemüsearten wie Paprika, Gurken oder Rucola.

Nährwerte

560 kcal • 20 g E • 33 g F • 42 g KH • 12 g BST

Mit orientalischer Note

Persischer Kartoffelsalat

Für 2 Portionen

35 Min. (mit vorgekochten Kartoffeln ca. 20 Min.)

350 g gegarte Kartoffeln (festkochend) • 200 g Hühnerbrust • 100 g Mayonnaise • 100 g Naturjoghurt 1,5 % Fett • 1 EL Zitronensaft • 3 grüne Oliven • Salz, Pfeffer • 200 g Erbsen aus der Dose • 100 g Gewürzgurken

- Kartoffeln am Vortag gar kochen, pellen und im Kühlschrank lagern. Alternativ frische Kartoffeln kochen und pellen.

- Hühnerbrust in einen Topf mit 300 ml Wasser geben und bei mittlerer Hitze in ca. 15 Min. gar kochen.

- Mayonnaise, Joghurt und Zitronensaft glatt rühren. Oliven fein würfeln und unterheben, mit Salz und Pfeffer würzen.

- Kartoffeln grob reiben. Hühnerbrust fein hacken. Beides unterrühren. Erbsen abtropfen, Gewürzgurken würfeln und beides unter den Salat heben.

Nährwerte

710 kcal • 36 g E • 45 g F • 40 g KH • 10 g BST

Grundlage, um kreativ zu werden

Omas schwäbischer Kartoffelsalat

Für 2 Portionen

20 Min. (mit vorgekochten Kartoffeln ca. 5 Min.) + ca. 20 Min. zum Durchziehen

500 g gegarte Kartoffeln (festkochend) • 150 ml Gemüsebrühe • 2 EL Essig • 2 EL Öl • 1 EL Salatcreme • Salz, Pfeffer

- Kartoffeln am Vortag gar kochen, pellen und im Kühlschrank lagern. Alternativ frische Kartoffeln kochen und pellen.

- Kartoffeln über einer Schüssel in sehr dünne Scheiben hobeln. Mit heißer Gemüsebrühe und Essig übergießen und gut durchmischen. 10–15 Min. ziehen lassen, dann Öl unterheben.

- Abschließend Salatcreme dazugeben, mit Salz und Pfeffer abschmecken und nochmals 5–10 Min. durchziehen lassen.

Das passt dazu ein Stück gebratene Hähnchenbrust.

Tipp: Dieser Kartoffelsalat kann als Grundrezept betrachtet werden. Ergänzen Sie ihn mit buntem Lieblingsgemüse.

Nährwerte

320 kcal • 5 g E • 16 g F • 37 g KH • 6 g BST

Typisch westfälisch

Klassischer Kartoffelsalat mit Ei und Gurke

Für 2 Portionen

40 Min. (mit vorgekochten Kartoffeln ca. 25 Min.)

- 400 g gegarte Kartoffeln (festkochend)
- 2 Eier
- 150 g Salatcreme (25 % Fettgehalt)
- 1 TL Senf
- 3 EL Essiggurkenwasser
- Salz, Pfeffer
- 5 Essiggurken
- 50 g Fleischwurst
- einige Stängel Petersilie

● Kartoffeln am Vortag gar kochen, pellen und im Kühlschrank lagern. Alternativ frische Kartoffeln kochen und pellen.

● Eier hart kochen, abkühlen lassen und pellen.

● Salatcreme mit Senf sowie Gurkenwasser glatt rühren und mit Salz und Pfeffer kräftig abschmecken.

● Essiggurken sowie Fleischwurst in feine Würfel schneiden und mit den Gurken unter die Sauce rühren.

● Kartoffeln in dünne Scheiben schneiden. Eier achteln. 1 Ei mit den Kartoffeln unter die Sauce heben. Zweites Ei als Dekoration auf den Kartoffelsalat legen.

● Petersilie fein hacken und vor dem Servieren auf den Kartoffelsalat streuen.

Nährwerte

515 kcal • 16 g E • 31 g F • 41 g KH • 5 g BST

Perfekt für ein Picknick

Frühlingskartoffelsalat

Für 2 Portionen
45 Min. (mit vorgekochten Kartoffeln ca. 30 Min.) + 30 Min. zum Durchziehen

400 g gegarte Kartoffeln (festkochend) • ca. 100 ml Gemüsebrühe • 100 g Gewürzgurken • ½ Bund Frühlingszwiebeln • ½ Bund Petersilie • 2 EL Olivenöl • 1 EL Apfelessig • Salz, Pfeffer

- Kartoffeln am Vortag gar kochen, pellen und im Kühlschrank lagern. Alternativ frische Kartoffeln kochen und pellen.
- Kartoffeln vierteln, in ca. 1 cm dicke Scheiben schneiden und mit 50 ml heißer Gemüsebrühe übergießen. Wenn die Gemüsebrühe aufgesogen wurde, diesen Vorgang wiederholen.
- Gewürzgurken würfeln, Frühlingszwiebeln in feine Ringe schneiden, Petersilie hacken und unterheben.
- Für das Dressing Olivenöl mit Apfelessig verrühren, mit Salz und Pfeffer würzen. Wenn die Brühe aufgesogen wurde, Dressing zugeben und 30 Min. durchziehen lassen.

Nährwerte
285 kcal • 5 g E • 13 g F • 35 g KH • 7 g BST

Bunte Farbenpracht

Knackiger Kartoffel-Radieschen-Salat

Für 2 Portionen
40 Min. (mit vorgekochten Kartoffeln ca. 25 Min.)

500 g gegarte Kartoffeln (festkochend) • 100 ml heiße Gemüsebrühe • 2 hart gekochte Eier • 1 Bund Radieschen • 1 Bund Rucola • 3 EL Öl • 1,5 EL Essig • 2 TL Senf • 2 TL Honig • Salz, Pfeffer

- Kartoffeln am Vortag gar kochen, pellen und im Kühlschrank lagern. Alternativ frische Kartoffeln kochen und pellen.
- Kartoffeln in fingerdicke Scheiben schneiden, mit 100 ml heißer Gemüsebrühe übergießen und ca. 15 Min. ziehen lassen. Eier schälen und achteln. Radieschen in Scheiben schneiden. 1 Handvoll Rucola hacken.
- Öl, Essig, Senf, Honig, Salz, Pfeffer und den gehackten Rucola verrühren.
- Eier und Radieschen zu den Kartoffeln geben und mit dem Dressing vermengen.

Nährwerte
490 kcal • 15 g E • 26 g F • 48 g KH • 9 g BST

» Knackiger Kartoffel-Radieschen-Salat

Mit erfrischender Note

Spargel-Kartoffelsalat mit Dilljoghurt

Für 2 Portionen

35 Min. (mit vorgekochten Kartoffeln ca. 20 Min.)

- 300 g gegarte Kartoffeln (festkochend)
- 400 g grüner Spargel
- 2 EL Öl
- 100 ml Gemüsebrühe
- 100 g Zuckerschoten (frisch oder TK-Ware)
- 2 EL Zitronensaft
- Salz, Pfeffer
- ½ Bund Dill
- 150 g griechischer Joghurt

- Kartoffeln am Vortag gar kochen, pellen und im Kühlschrank lagern. Alternativ frische Kartoffeln kochen und pellen.

- Vom Spargel holzige Enden abschneiden, die unteren Drittel dünn schälen und in fingerlange Stücke schneiden. Mit ½ EL Öl in einem Topf von allen Seiten bei mittlerer Hitze ca. 2–3 Min. dünsten.

- Gemüsebrühe angießen und bei mittlerer Hitze (je nach Stärke der Stangen) in 2–3 Min. bissfest garen. Brühe abgießen und Spargel erkalten lassen.

- Zuckerschoten putzen und mit ½ EL Öl in einer Pfanne in 1–2 Min. bissfest garen und abkühlen lassen.

- Kartoffeln in Spalten schneiden, mit Spargel und Zuckerschoten vorsichtig vermengen. 1 EL Öl und 2 EL Zitronensaft verrühren, mit Salz und Pfeffer abschmecken und unterheben.

- Dill fein hacken. Einen Teil des Dills über den Salat geben und den Rest unter den Joghurt rühren und mit Salz abschmecken.

Variante Statt Dill kann auch Minze oder Bärlauch verwendet werden. Beide Aromen passen besonders gut zu Spargel. Minze wirkt beruhigend auf den Darm und Bärlauch ist eine verträgliche Alternative zu Knoblauch.

Nährwerte

530 kcal • 18 g E • 34 g F • 38 g KH • 9 g BST

Neue Geschmackskombination

Kohlrabi-Kartoffelsalat

Für 2 Portionen

45 Min. (mit vorgekochten Kartoffeln ca. 30 Min.) + 30 Min. zum Durchziehen

- 400 g Kartoffeln (festkochend)
- ca. 100 ml Gemüsebrühe
- 400 g Kohlrabi
- 1 Bund Schnittlauch
- 2 EL Sonnenblumenöl, nativ
- 1 EL Apfelessig
- Salz, Pfeffer

● Kartoffeln am Vortag gar kochen, pellen und im Kühlschrank lagern. Alternativ frische Kartoffeln kochen und pellen.

● Kartoffeln vierteln, in ca. 1 cm dicke Scheiben schneiden und zunächst mit ca. 50 ml heißer Gemüsebrühe übergießen. Wenn die Gemüsebrühe aufgesogen wurde, diesen Vorgang wiederholen.

● Kohlrabi dünn schälen und in ca. 1 cm dicke Scheiben schneiden. Kohlrabischeiben in kochendem Wasser ca. 2–3 Min. blanchieren. Danach in Stücke schneiden, die etwa genau so groß sind wie die Kartoffelstücke.

● Schnittlauch klein schneiden.

● Für das Dressing Sonnenblumenöl mit Apfelessig verrühren und mit Salz, Pfeffer sowie Schnittlauch würzen. Wenn die Brühe aufgesogen wurde, Dressing zugeben und 30 Min. durchziehen lassen.

Das passt dazu Der Salat kann mit 1–2 gewürfelten, hart gekochten Eiern bestreut werden. Alternativ ergänzt man ein Stück gebratene Hähnchenbrust oder eine vegetarische Frikadelle (Seite 114).

Variante Statt Kohlrabi können auch Blumenkohlröschen verwendet werden.

Nährwerte

305 kcal • 9 g E • 13 g F • 37 g KH • 9 g BST

Hauptsache Gemüse

Viele Faktoren beeinflussen die Bakterienwelt im Verdauungstrakt. Eine der wertvollsten Empfehlungen ist jedoch: Essen Sie täglich Gemüse!

Empfohlen werden etwa 400–500 g Gemüse, wozu auch Salate und Hülsenfrüchte zählen. In etwa sind das z. B. eine Möhre (ca. 150 g), 2 Tomaten (150 g) und ein kleiner Kohlrabi (150 g).

Vielleicht kommt Ihnen das anfangs recht viel vor. Sie werden sich aber bald an die bunte Vielfalt auf Ihrem Teller gewöhnen, sodass sie schnell zu einer Selbstverständlichkeit werden kann. Das ist jedenfalls unsere Erfahrung aus der jahrelangen Tätigkeit als Ernährungstherapeutinnen.

Tipp Bevorzugen Sie Gemüse aus der Region und aus ökologischer Erzeugung. Es schmeckt meistens besser und schont darüber hinaus die Umwelt.

Die zahlreichen alltagstauglichen Ideen im Rezeptteil dieses Buches werden Ihnen sicher helfen, den Gemüseanteil zu steigern. Sie können die empfohlene Gemüsemenge durchaus auf mehrere Mahlzeiten verteilen, z. B. Knabbergemüse zum Pausenbrot, einen Salat zum Mittagessen und eine Gemüsesuppe zum Abendessen. Falls Sie bisher selten Gemüse und Salate auf Ihrem Speisezettel hatten, empfehlen wir Ihnen, den Gemüseverzehr von Tag zu Tag langsam zu steigern. Jede zusätzliche Gemüseportion zählt auf Ihrem Gesundheitskonto.

Keine andere Lebensmittelgruppe ist für die Gesundheit so wichtig wie Gemüse! Und das nicht nur wegen der vielen Vitamine, Mineralstoffe und gesundheitsfördernden sekundären Pflanzenstoffe, sondern ganz wesentlich auch wegen des hohen Gehalts an fermentierbaren (löslichen) Ballaststoffen, die den darmfreundlichen Bakterien als Futter dienen.

Gemüse bei speziellen Bauchbeschwerden

Zu viel Luft im Bauch Wenn Sie häufig unter Blähungen leiden, sollten Sie bei einigen Kohlgemüsesorten (z. B. Grün-, Weiß- und Wirsingkohl) und Zwiebelgewächsen (Lauch, Zwiebeln, Frühlingszwiebeln, Knoblauch) zurückhaltend sein. Diese können aufgrund ihrer blähenden Inhaltsstoffe die Gasbildung im Bauch noch verstärken. Das ist jedoch bei jedem unterschiedlich. Viele vertragen Kohlrabi, Blumenkohlröschen und Brokkoli trotzdem sehr gut. Und auch auf Zwiebeln brauchen die meisten nicht komplett zu verzichten. Bei manchen Gerichten kann man eine halbierte Zwiebel am Anfang einige Minuten mitgaren, sodass sie ihr Aroma abgibt, aber nicht die blähungsfördernden Inhaltsstoffe, die in der Zwiebel verbleiben.

Gemüsevielfalt

Kreuzen Sie hier einfach an, welche Sorten Ihnen gut schmecken und welche Sie gerne mal probieren würden.

- ☐ Artischocke
- ☐ Aubergine
- ☐ Avocado
- ☐ Bambussprossen
- ☐ Blumenkohl
- ☐ Brechbohnen
- ☐ Brokkoli
- ☐ Champignons
- ☐ Chicorée
- ☐ Chinakohl
- ☐ Eisbergsalat
- ☐ Endiviensalat
- ☐ Erbsen
- ☐ Feldsalat
- ☐ Fenchel
- ☐ Frühlingszwiebel
- ☐ Grüne Bohnen
- ☐ Grünkohl
- ☐ Gurke
- ☐ Kaiserschoten
- ☐ Kichererbsen
- ☐ Kidneybohnen
- ☐ Knollensellerie
- ☐ Kohlrabi
- ☐ Kopfsalat
- ☐ Kürbis
- ☐ Lauch
- ☐ Linsen
- ☐ Mairübchen
- ☐ Mais
- ☐ Mangold
- ☐ Möhre
- ☐ Pak-Choi
- ☐ Paprika
- ☐ Pastinake
- ☐ Petersilienwurzeln
- ☐ Pilze
- ☐ Radieschen
- ☐ Rettich
- ☐ Romanesco
- ☐ Rosenkohl
- ☐ Rote Bete
- ☐ Rotkohl
- ☐ Sauerkraut
- ☐ Schwarzwurzeln
- ☐ Spargel
- ☐ Spinat
- ☐ Spitzkohl
- ☐ Stangensellerie
- ☐ Steckrüben
- ☐ Tomaten
- ☐ Weißkohl
- ☐ Wirsing
- ☐ Zucchini
- ☐ Zuckerschoten
- ☐ Zwiebel

Bringen Sie **Farbe** in Ihren **Ernährungs**alltag!

Frühstück

Belegen Sie Ihr Brot mit Tomaten, Paprika, Radieschen, Gurke oder ergänzen Sie Ihr Käsebrot mit etwas Rohkost. Möhren und Paprika lassen sich prima vorbereiten und für 1–2 Tage in einem geschlossenen Gefäß im Kühlschrank aufbewahren, sodass Sie morgens nur noch zugreifen müssen. Cocktailtomaten dazu und fertig ist der Gemüse-Snack.

Zwischenmahlzeit

Nehmen Sie etwas Rohkost mit zur Arbeit oder zur Schule/Uni. Für einen ruhigen Bauch am besten in Kombination mit einigen Mandeln, einem Joghurt oder Käsewürfeln.

Mittagessen

Die Hälfte dieser Hauptmahlzeit sollte aus Gemüse und Salaten bestehen!

So erhöhen Sie den Gemüseanteil Ihrer Mahlzeiten: Machen Sie statt eines Nudelauflaufs mit Brokkoli einen Brokkoliauflauf, in dem auch einige Nudeln enthalten sind. Nach diesem Prinzip können viele alte Lieblingsgerichte abgewandelt auf den Tisch kommen.

Vielleicht passt ein zusätzlicher Salat oder eine große Portion Gemüse als Vorspeise oder als Beilage zu Ihrem Mittagsgericht. Fürs Kantinenessen ist das auch die richtige Wahl.

Abendessen

Ein Gemüsesalat als Hauptgericht wird mit einer proteinreichen Zutat sehr sättigend. Hierfür eignen sich besonders Hülsenfrüchte, Nüsse, Sonnenblumen- oder Kürbiskerne, Käsewürfel, Puten-/Schinkenstreifen oder Eier. Falls Ihnen Rohkostsalate einen zu unruhigen Bauch bescheren, finden Sie im Rezeptteil (Seite 69) viele Salate aus gegartem Gemüse. Schauen Sie doch auch mal das Salatbüfett (Seite 60) an.

Pürierte Gemüsesuppen sind eine gesunde und besonders gut verträgliche Form, Gemüse zu essen. Sie lassen sich auch in größeren Mengen zubereiten und portionsweise einfrieren. Für die Sättigung ergänzen Sie eine Scheibe Brot oder ein Dessert aus Quark oder Joghurt.

Bei einem empfindlichen Bauch sollte auch die Menge an rohem Gemüse begrenzt werden. So viel wie auf einen kleinen Beilagenteller passt, ist etwa die richtige Menge. Achten Sie auch darauf, Rohkost besonders gut zu kauen.

Hülsenfrüchte wie Bohnen, Linsen und Erbsen sind sehr wertvolle Lebensmittel, weil sie neben vielen Ballaststoffen auch pflanzliches Protein enthalten. Bei einigen Menschen verursachen sie allerdings zu viel Luft im Bauch. Gut bekömmlich sind meistens Tiefkühlerbsen sowie rote und gelbe Linsen. Denken Sie besonders hier daran, dass eine gewisse Fettmenge in der Mahlzeit die Verträglichkeit von Hülsenfrüchten verbessert. Das können auch bestimmte Kräuter wie Thymian, Lorbeer und Kümmel.

Zu fester Stuhl Bei zu festem Stuhl sind die ballaststoffreichen Gemüsearten wie Hülsenfrüchte, Kohlgemüse und Zwiebeln hilfreich. Blattsalate können auch täglich auf den Tisch kommen. Sie machen den Stuhl weicher. Auch alle anderen Gemüsearten bieten wunderbares »Futter« für Ihre Darmbakterien und sollten täglich gegessen werden. Zudem können Sauermilchprodukte wie Joghurt, Buttermilch und Kefir Abhilfe schaffen.

Durchfälle und zu weicher Stuhl Gegarte Möhren und Pastinaken sind hier perfekt, weil sie den Stuhl festigen! Eine gute Möhrensuppe finden Sie im Rezeptteil (Seite 82). Aber auch viele andere Gemüsearten sind gut verträglich und sollten regelmäßig auf den Speiseplan kommen. Hülsenfrüchte und Blattsalate dagegen sind bei weichem Stuhl eher ungeeignet. Wer ständig unter wiederkehrenden Durchfällen leidet, sollte unbedingt einen Arzt aufsuchen.

Sie haben nach Tomatensoße, Spinat und Auberginen viel Unruhe im Bauch? Dann könnte eine Histaminintoleranz (Seite 64) dahinterstecken. Lassen Sie sich von einer erfahrenen Ernährungstherapeutin beraten, da in diesem Fall auch weitere Lebensmittel, wie z.B. Schokolade, Rotwein und Fischkonserven nicht gut verträglich sein können.

Empfindlicher Bauch Grundsätzlich gilt: Wer einen empfindlichen Bauch hat, sollte gut bekömmliche Gemüsearten bevorzugen. Das sind u.a. die Röschen von Blumenkohl und Brokkoli, zarte grüne Bohnen, Erbsen, Kaiserschoten, Kohlrabi, Kürbis, Möhren, Pastinaken, Rote Bete, Knollensellerie und Zucchini. Diese werden in der Regel auch in größeren Mengen gut vertragen. Blattsalate und Rohgemüse sind am besten bekömmlich, wenn sie auf kleine Portionen begrenzt (vergleichbar einem Beilagensalat in der Gastronomie) und gut gekaut werden.

Blähende und schwer verdauliche Gemüsearten sollten zunächst in kleinen Mengen ausprobiert werden. Dazu zählen Zwiebeln, Knoblauch, hartes Kohlgemüse wie Wirsing und Grünkohl sowie viele

Hülsenfrüchte (z. B. große Bohnenarten). Sie alle enthalten schwer verdauliche Ballaststoffe, die bei Empfindlichkeit schnell zu einem Übermaß an Gasbildung im Bauch führen können. Kohlgemüse und Hülsenfrüchte sind ganz deutlich besser verträglich, wenn gleichzeitig eine gute Menge Fett oder Protein verzehrt wird. Der Rat unserer Großeltern »Kohl muss glänzen« ist immer noch wertvoll. Außerdem können bestimmte Kräuter und Gewürze wie Thymian, Kümmel, Kreuzkümmel und Lorbeer die Bekömmlichkeit verbessern. Wenn es trotzdem nach dem Genuss einer Mahlzeit mal zu Beschwerden kommt, hilft es oft, einen Tag auf blähende Speisen zu verzichten.

Smoothies meiden

Diese kleinen Frucht- oder Gemüseshakes gelten als sehr gesund, halten aber oft nicht, was sie versprechen, und machen zudem Bauchschmerzen. Rezepturen mit einem hohen Obstanteil enthalten zu große Mengen an Fruchtzucker. Außerdem wird dem Verdauungstrakt der Fruchtzucker in einer Flüssigkeit zugeführt. Dies hat zur Folge, dass der Zucker (zu) schnell vom Magen in den Dünndarm gelangt, der ihn so nicht vollständig verwerten kann. Der Fruchtzucker rutscht in den Dickdarm, wo die Bakterien ihn zu schnell verwerten und dabei Gase produzieren. Das bringt häufig Unruhe in den Bauch. Smoothies können zudem wahre Kalorienbomben sein. Außerdem fehlen ihnen die in ganzen Obststücken enthaltenen Ballaststoffe, die unsere Darmbakterien so dringend brauchen.

Hilfreiche Proteine

Proteine, auch Eiweiße genannt, sind die Bausteine, aus denen die Zellen unseres Körpers bestehen. Wir benötigen sie außerdem für die Bildung von Hormonen, Enzymen und auch ganz wesentlich für den Aufbau und den Erhalt der Muskulatur.

An diesem lebenswichtigen Nährstoff sollte es in der täglichen Ernährung nicht fehlen. Der Tagesbedarf liegt bei 0,8–1 g Protein pro Kilogramm Körpergewicht, gemessen am Normalgewicht der jeweiligen Körpergröße. Das heißt, dass ein 70 kg schwerer Erwachsener täglich etwa 54–70 g Protein benötigt. Als grobe Richtlinie können also ca. 20 g Protein pro Hauptmahlzeit sinnvoll sein. Der Proteinbedarf kann und sollte dabei über normale Lebensmittel gedeckt werden. Proteinhaltige Pulver und spezielle Produkte sollten nur in Ausnahmefällen und nach Rücksprache mit dem Arzt genutzt werden.

Für eine gute Verdauungsarbeit ist eine regelmäßige und ausreichende Proteinzufuhr sehr hilfreich! Ein proteinhaltiger Speisebrei verweilt länger im Magen, was zu einer längeren Sättigung beiträgt. Der proteinreiche Mageninhalt wird zudem nun schön langsam in kleinen Portionen an den Dünndarm weitergereicht. Durch dieses langsame Vorgehen hat der Dünndarm nun ausreichend Zeit, all seine Aufgaben zu erledigen, sodass der Dickdarm anschließend nicht überfordert wird und mit Beschwerden reagiert.

Proteine sind sowohl in pflanzlichen als auch tierischen Lebensmitteln enthalten. In der folgenden Tabelle finden Sie eine Auswahl besonders proteinreicher Lebensmittel. Beobachten Sie doch mal ein paar Tage, ob Ihre Proteinzufuhr ausreicht. Mittlerweile gibt es zahlreiche Smartphone-Apps, in die Sie Ihre Speisen und Getränke eingeben und auf ihren Nährstoffgehalt hin überprüfen können. Sie helfen Ihnen, eine etwaige Unterversorgung mit Protein zu erkennen.

Ein gutes Verhältnis von Kohlenhydraten, Fetten und Proteinen ist für unsere Gesundheit und auch für einen gut funktio-

Gute Fette

Lange Zeit hatten Fette in der Ernährung ein sehr schlechtes Image. Wie wir heute wissen, völlig zu Unrecht. Jetzt ist bekannt, dass ein höherer Fettgehalt im Essen sich positiv auf das Risiko von Herz-Kreislauf-Erkrankungen auswirkt – vorausgesetzt, es ist das richtige Fett. Wertvolle Fette kommen vor allem aus pflanzlichen Ölen, Nüssen, Saaten sowie Seefisch.
Auch bei Menschen mit empfindlichem Bauch ist ein höherer Fettanteil ihrer Kost nützlich. Je nach individuellem Kalorienbedarf entspricht dies ca. 70 bis 100 g am Tag. Neben den in Lebensmitteln versteckten Fetten, sind in der Regel täglich 2–3 EL Öl sowie 1–2 TL Streichfett sinnvoll. Wie bei Proteinen sorgt auch Fett im Speisebrei für eine längere Verweildauer im Magen und führt dazu, dass der Speisebrei schön langsam weitergereicht wird. Dadurch hat der Dünndarm ausreichend Zeit, all seine Aufgaben für eine gute Verdauung zu erledigen und Unruhe im Dickdarm kann vermieden werden. Eine besonders fettarme Ernährung ergibt daher bei unruhigem Bauch keinen Sinn. Verwenden Sie für die Zubereitung eines Hauptgerichts mindestens 1 EL Öl pro Person. Nutzen Sie beispielsweise Maiskeim- oder Sonnenblumenöl für warme und Oliven- oder Nussöle für kalte Speisen, damit sich mehrfach und einfach ungesättigte Fettsäuren gut ergänzen. Tierische Fette, wie Butter und Sahne, sollten hingegen nur in Maßen verwendet werden. Größere Mengen warmes Milchfett, wie in Sahnesoßen oder Aufläufen, kann bei empfindlichem Bauch schon mal zu weichem Stuhl führen.

nierenden Verdauungstrakt unerlässlich. Bei den meisten Menschen sollten sich die Nährstoffe so verteilen, dass 40 % aller Kalorien, die sie zu sich nehmen, durch Kohlenhydrate gedeckt werden, weitere 40 % durch Fett und 20 % durch Proteine.

Proteingehalt verschiedener Lebensmittel

Pflanzliche Lebensmittel		
Lebensmittelgruppe	**Portionsgröße**	**Proteingehalt**
Nüsse und Samen	30 g	6–10 g
Hülsenfrüchte (Konserve, Rohgewicht)	150 g	7–13 g
Hülsenfrüchte (getrocknet, Rohgewicht)	60 g	10–18 g
Tofu	100 g	10–20 g
Tierische Lebensmittel		
Lebensmittelgruppe	**Portionsgröße**	**Proteingehalt**
Milch	200 g	6 g
Quark	125 g	14–16 g
Joghurt	150 g	5–6 g
Frischkäse	20 g	2 g
Hartkäse	30 g	8–11 g
Weichkäse	30 g	7 g
Fleisch (Rind/Schwein, Rohgewicht)	125 g	22–27 g
Geflügel (Rohgewicht)	125 g	25–28 g
Wurst (Rohgewicht)	30 g	4–8 g
Fisch (Rohgewicht)	125 g	20–30 g
Hühnerei	60 g	7 g

Salatbüfett – jeden Tag neu

Stellen Sie sich vor, Sie könnten sich jeden Tag einen bunten Teller zusammenstellen, z. B. mit mediterranem Kartoffelsalat, Möhrensalat, gebratenen Zucchini und ein paar Käsewürfeln. Doch wie geht das ohne zu viel Aufwand?

Starten Sie an einem Tag und bereiten Sie zwei Salate in doppelter Menge vor. Wenn Sie dann alle ein bis zwei Tage einen neuen (haltbaren) Salat zubereiten und das gleich in doppelter Menge, haben Sie täglich ein buntes und sehr abwechslungsreiches Salatbüfett.

Salate aus gegartem Gemüse sind für Ihren Bauch bekömmlicher, sie sollten daher den Hauptbestandteil des Büfetts ausmachen. Beachten Sie, dass Blattsalate frisch verzehrt werden sollten, da sie sich nicht lagern lassen. Im Rezeptteil (Seite 86) finden Sie hierzu zahlreiche Vorschläge. Auch gebratenes Gemüse passt gut dazu.

Bereiten Sie auch einen Salat vor, der eine Kohlenhydratquelle enthält. Kartoffeln-, Reis- oder Nudelsalate sind in mäßigen Mengen natürlich willkommen. Wie wäre es zum Beispiel mit einem der besonders darmfreundlichen Kartoffelsalate (Seite 42)? Auch wenn Sie kohlenhydratarm (Low Carb) essen möchten, ist ein geringer Kohlenhydratanteil nicht störend und trägt mit zur Sättigung bei.

Ein weiterer wichtiger Bestandteil eines jeden Salatbüfetts sollte eine Proteinquelle sein. Hierfür eignen sich:

- Käsewürfel aus Feta-, Mozzarella- oder Schnittkäse sowie Hüttenkäse
- Dips aus Hummus, Quark, Joghurt oder Frischkäse (Seite 86)
- Fleisch, frisch gebraten oder vorbereitet (z. B. Hühnerbrust oder kleine Fleischbällchen)
- hart gekochte Eier
- Fisch, frisch gebraten, geräuchert oder auch aus der Konserve (z. B. Thunfisch)
- Nüsse, Pinien-, Kürbis- oder Sonnenblumenkerne
- Hülsenfrüchte wie Kichererbsen (Falafel), Linsen oder Bohnen
- Tofu oder Tempeh (am besten gebraten)

Unverträglichkeiten auf der Spur

Wenn es im Verdauungstrakt unruhig ist und das vielleicht schon über eine längere Zeit, liegt der Verdacht nahe, dass das Essen hierfür verantwortlich ist.

Der Gedanke ist vollkommen richtig. Häufig ist der Verdauungstrakt durch ein ungünstiges Essverhalten schon eine Weile »herausgefordert« worden, sodass nicht mehr alles ganz »rundläuft«. Dann kann ein unruhiger Bauch oft durch eine Veränderung der Essgewohnheiten wieder zur Ruhe gebracht werden. Bauchschmerzen, Blähungen und zu weiche oder feste Stühle gehören dann der Vergangenheit an. Erst wenn es trotz »bauchfreundlichen« Essens noch immer zu Verdauungsproblemen kommt, steckt wahrscheinlich eine Erkrankung des Verdauungstraktes oder eine Lebensmittelunverträglichkeit dahinter. Ein erfahrener Gastroenterologe (Arzt für Magen-Darm-Heilkunde) kann helfen, die Ursachen zu finden.

Die häufigsten Unverträglichkeiten, die zu Verdauungsstörungen führen können, sind eine Milchzucker- und eine Fruchtzuckerunverträglichkeit. Daneben gibt es auch noch Unverträglichkeiten gegenüber Zuckeraustauschstoffen (wie Sorbit), Inhaltsstoffen von Getreide oder Histamin.

Milchzuckerunverträglichkeit

Eine Milchzuckerunverträglichkeit – auch als Laktoseintoleranz bezeichnet – macht sich meistens durch ein Völlegefühl, einen aufgeblähten Bauch, Bauchschmerzen und manchmal auch Durchfälle bemerkbar. Dies geschieht oft nach dem Genuss von Milch und Milchprodukten. Manchmal kommen die Bauchschmerzen nach dem Verzehr von Fertigsaucen oder Backwaren, denn manche industriell hergestellten Lebensmittel enthalten ebenfalls größere Mengen an Milchzucker.

Bei der Milchzuckerunverträglichkeit wird das Enzym, das Milchzucker im Dünndarm spaltet, nicht ausreichend gebildet. Dies kann mittels eines Atemtests überprüft werden. 15–20 Prozent der Mitteleuropäer sind davon betroffen. Ihre Dünndarmzellen bilden gar keine oder nicht ausreichend Laktase. Die verzehrte Laktose kann im Dünndarm nicht gespalten und in die Darmwand aufgenommen werden. Deshalb »rutscht« sie weiter in den Dickdarm. Hier verwerten die Bakterien den Milchzucker und bilden Gase, die Blähungen und andere Beschwerden verursachen. Bei einer diagnostizierten Laktoseintoleranz können meistens noch geringe Mengen Laktose vertragen werden.

Der vollständige Verzicht auf Milchprodukte ist weder nötig noch sinnvoll. Stattdessen sollte die individuelle Toleranzschwelle für Laktose im Rahmen einer Ernährungsberatung ermittelt werden. Eine Umstellung auf laktosearme Milchprodukte, die in jedem Supermarkt erhältlich sind, ist oft ausreichend. Grundsätzlich sollte Laktose nur dann reduziert werden, wenn eine entsprechende Unverträglichkeit eindeutig diagnostiziert wurde!

Fruchtzuckerunverträglichkeit

Bei dieser Unverträglichkeit, die auch als Fruktosemalabsorption bezeichnet wird, reagiert der Bauch auf ein Zuviel an Fruchtzucker in der Nahrung, der in Obst, Haushaltszucker und in zuckerreichen Lebensmitteln vorkommt. Die Beschwerden sind ähnlich wie bei einer Milchzuckerunverträglichkeit, die Ursache aber eine andere. Denn in diesem Fall reichen die Kapazitäten für den Transport durch die Darmwand für die Menge an Fruchtzucker nicht aus. Auch hier wird ein Atemtest zur Diagnostik eingesetzt. Meistens führt eine kurzfristige und starke Reduktion des Fruktosegehaltes der Nahrung zu einer deutlichen Besserung der Beschwerden. Die Fruktose darf aber nicht komplett gemieden werden. Langfristige fruktosearme Kostformen führen eher zu einer Verschlechterung der Verträglichkeit. Hiervon ist dringend abzuraten! Viele Kinder, aber auch einige Erwachsene nehmen schlichtweg zu große Mengen an Fruktose mit der täglichen Nahrung zu sich. Hier profitiert man schnell von einer Reduktion.

Fruktosereiche Lebensmittel sind vor allem Obst-Smoothies, Süßigkeiten, zuckerreiche Getränke, Früchte und Fruchtsäfte. Hier hilft häufig schon eine Reduktion der Portionsgrößen. Wenn Obst im Rahmen einer Mahlzeit, z. B. zusammen mit Quark oder Joghurt, aufgenommen wird, treten meistens auch keine Beschwerden mehr auf. Das ist darauf zurückzuführen, dass das gleichzeitig aufgenommene Fett und Protein dazu führt, dass die vorhandenen Transportkapazitäten für Fruktose in der Darmwand besser genutzt werden können. Lesen Sie dazu mehr im Abschnitt »Hilfreiche Proteine« (Seite 57).

Sorbitunverträglichkeit

Sorbit (oder Sorbitol) ist ein süß schmeckender Stoff, der z. B. von Natur aus in Pflaumen, Birnen und Äpfeln vorkommt. Weil Sorbit weniger Kalorien liefert als Zucker, wird er in der Lebensmittelindustrie als Zuckeraustauschstoff und als Feuchthaltemittel eingesetzt, insbesondere in zuckerfreien und zahnfreundlichen Lutschbonbons, Kaugummis, Halsschmerztabletten, in Brausetabletten und in Nahrungsergänzungsmitteln. Bei dieser Unverträglichkeit ist ebenfalls ein Atemtest zur Diagnostik erforderlich. Warum genau dieser Zuckeraustauschstoff bei einigen Menschen schon in mäßigen Mengen zu Bauchbeschwerden führt, ist bislang nicht abschließend geklärt.

Wer davon betroffen ist, erlebt meistens eine erhebliche Besserung, wenn er auf sorbithaltige Lebensmittel, wie zahnfreundliche Süßigkeiten und sorbitreiche Früchte, verzichtet. Häufig leiden Menschen mit einem auffälligen Sorbit-Atemtest gleichzeitig unter einer weiteren »Störung« im Verdauungstrakt, z. B. einer Fruchtzuckerunverträglichkeit oder einer Histaminintoleranz.

Histaminintoleranz

Histamin ist eine Substanz, die in unserem Körper gebildet wird und als Botenstoff wirkt. Sie regt z. B. die Bildung des Magensaftes an und beeinflusst den Schlaf-Wach-Rhythmus. Bei Allergien (z. B. Pollenallergie) wird Histamin von speziellen Körperzellen (den Mastzellen) freigesetzt und löst die allergischen Reaktionen aus (z. B. tränende Augen, laufende Nase, Hautrötungen). Histamin kommt auch in Lebensmitteln vor. Es entsteht bei der Lagerung, bei Reifevorgängen und bei langen Erhitzungsprozessen aus bestimmten Proteinbausteinen. Relativ hohe Mengen an Histamin können sich in Wein (vor allem Rotwein), Sekt, lange gereiftem Käse (z. B. Bergkäse), Sauerkraut, Schokolade und haltbar gemachten Fleisch- und Fischprodukten (z. B. roher Schinken, Fischkonserven, Räucherfisch) befinden. Histamin ist also kein Zusatzstoff und deshalb auf keiner Zutatenliste zu finden.

Manche Menschen reagieren sehr empfindlich auf Histamin aus der Nahrung. Neben Symptomen wie Kopfschmerzen, Hautreaktionen, verschnupfter Nase oder Müdigkeit leiden nahezu alle Histamin-Intoleranten unter einem unruhigen Bauch. Nicht selten sind die Verdauungsstörungen das Hauptproblem der

Betroffenen. Der Leidensdruck ist häufig besonders groß, da diese Unverträglichkeit noch viele Stunden nach Aufnahme histaminhaltiger Lebensmittel an mehreren Organen im Körper zu Symptomen führen kann. Nicht selten bleibt die Erkrankung lange Zeit unerkannt, obwohl unterschiedliche Fachärzte konsultiert wurden. Erfahrene Ernährungstherapeuten können jedoch mittels eines Ernährungssymptomprotokolls einen möglichen Zusammenhang zwischen der Histaminaufnahme und den Beschwerden erkennen und zu entsprechenden therapeutischen Schritten anleiten.

Getreideinhaltsstoffe

Ein unruhiger Bauch ist nicht selten auch die Folge von zu vielen Getreideprodukten auf dem Speiseplan. Ein Brötchen zum Frühstück, als Mittagessen eine große Portion Nudeln, ein paar Kekse zum Kaffee und abends dann eine Brotmahlzeit: Das ist für viele ein ganz normaler Tag, der aber bei entsprechend empfindlichen Menschen für Unruhe im Verdauungstrakt sorgen kann. Wissenschaftliche Studien deuten darauf hin, dass hierfür bestimmte Getreidebestandteile verantwortlich sein können. Hier ist noch einiges an Forschung nötig, sodass wir hoffentlich in einigen Jahren Genaueres sagen können. Sicher ist jedoch, dass ein hoher Verzehr von Getreideprodukten häufig mit einem zu geringen Gemüsekonsum verbunden ist. Es liegt nahe, dass dies auf Dauer die Mikrobiota ungünstig beeinflusst. Bei einem Verdacht auf Weizen- oder Glutenunverträglichkeit sollte durch medizinische Untersuchungen geklärt werden, ob eine Weizenallergie oder Zöliakie vorliegt. Keinesfalls sollte eine glutenfreie Ernährung begonnen werden, bevor eine Zöliakie sicher ausgeschlossen wurde.

Tipp Die einzige Ausnahme bei den Getreiden bildet Hafer. Er ist bei einem unruhigen Bauch eine echte Wohltat.

Lebensmittelallergien

Natürlich können auch Allergien für Bauchschmerzen, Blähungen und zu weichem Stuhl verantwortlich sein. Im Unterschied zu einer Unverträglichkeit, die in der Regel überwiegend das Verdauungssystem betrifft, ist bei einer Allergie das Immunsystem an den Prozessen im Körper beteiligt. Allergien werden in der Regel durch bestimmte Proteine in der Nahrung ausgelöst, z. B. durch Milch-, Soja- oder Weizenprotein. Die Reaktionen zeigen sich häufig an mehreren Stellen im Körper, z. B. Kribbeln im Mund, Hautrötungen, Juckreiz, Schwellungen und auch Bauchschmerzen. Allergiebedingte Bauchbeschwerden finden sich jedoch häufiger bei Kindern als bei Erwachsenen. Bei Verdacht auf eine Lebensmittelallergie sollten Sie einen Allergologen aufsuchen, der wichtige Hinweise dafür im Haut- oder Bluttest finden kann.

Low-FODMAP-Diät

Bei dieser Diät werden für 6–8 Wochen alle fermentierbaren Nahrungsbestandteile auf dem Speiseplan deutlich reduziert. Low-FODMAP steht für »wenig fermentierbare Oligo-, Di- und Monosaccharide und Polyole«. Dies umfasst alle Einfachzucker (vor allem Fruchtzucker), Zweifachzucker (wie Milchzucker), Mehrfachzucker (wie Fruktane, z. B. in Weizen) sowie Zuckeraustauschstoffe (wie Sorbit). Diese Zuckerarten können im Dickdarm zu Beschwerden führen, wenn sie im Dünndarm nicht verwertet werden.
Diese Diät schränkt die Lebensmittelauswahl erheblich ein, ist schwer durchführbar und ist in den meisten Fällen unnötig. Viel sinnvoller ist ein vorheriger Test beim Arzt, der eine mögliche Laktose-, Fruktose- oder Sorbitunverträglichkeit diagnostizieren kann. Eine vorübergehende Reduktion von allgemein gasbildenden Lebensmitteln wie Kohlgemüse, Hülsenfrüchten und Zwiebelgewächsen kann im Einzelfall hilfreich sein – besonders, wenn Sie unter starken Blähungen leiden.
Eine Low-FODMAP-Diät sollte – wenn überhaupt – nur im Rahmen einer Ernährungstherapie und in der strengen Form maximal zwei Wochen durchgeführt werden. Sonst kann es sein, dass darmfreundliche Bakterien der Mikrobiota verschwinden.

Neben diesen Unverträglichkeiten gibt es zahlreiche weitere Erkrankungen, die mit Verdauungsproblemen verbunden sein können. Diese sollten ärztlich abgeklärt werden. Bei diagnostizierter Nahrungsmittelallergie lassen Sie sich am besten von einem erfahrenen Ernährungstherapeuten beraten. Adressen hierzu erhalten Sie beispielsweise beim Deutschen Allergie- und Asthmabund (https://www.daab.de).

Nüsse und Kerne …

… sind wahre Schätze der Natur.

Da es sich um Samen von Früchten handelt, sind Nüsse botanisch gesehen Schalenobst. In der Ernährung stellen sie jedoch eine eigene Kategorie dar, denn im Vergleich zu den gängigen Obstarten enthalten Nüsse keinen Zucker. Stattdessen stecken sie voll guter Energie in Form gesunder ungesättigter Fettsäuren. Daneben enthalten sie noch pflanzliches Protein und Vitamine, Mineralstoffe sowie Ballaststoffe.

… sind gut für den Körper.

Durch ihre hochwertigen Inhaltsstoffe können sie das Risiko von Herz-Kreislauf-Erkrankungen senken. Gut gekaut wandern sie aufgrund des hohen Fett- und Proteingehalts auch schön langsam durch den Magen-Darm-Trakt und sind deshalb gut bekömmlich!

… machen doch dick?!

Nüsse und Samen haben durch ihren hohen Fettgehalt auch viele Kalorien und sollten am besten naturbelassen und nicht im Übermaß gegessen werden. Aufgrund der positiven Eigenschaften darf es jedoch täglich eine Handvoll sein!

… passen täglich auf den Tisch!

Ob als Zwischenmahlzeit, als Topping über dem Salat, im Müsli, in Aufläufen oder im Brot – Nüsse und Kerne können vielseitig eingesetzt werden!

Rustikale Gemüse-Kartoffelrösti,
Seite 119

Rezepte

Auf den folgenden Seiten finden Sie viele Rezepte für alltagstaugliche und genussvolle Gerichte, die auch bei empfindlichem Bauch gut bekömmlich sind.

FRÜHSTÜCK

Fürs Sonntagsfrühstück

Dinkelvollkorn-brötchen mit Roggen

Ergibt 8–10 Brötchen

30 Min. + 24 Std. Gehzeit + 20 Min. Backzeit

400 g Dinkelvollkornmehl • 70 g Roggenvollkornmehl • 2 g Frischhefe • 10 g Salz • 2 EL Zitronensaft • 1 EL Öl • 1 TL Honig

- Mehl in einer Schüssel vermischen. Hefe in 3 EL warmem Wasser auflösen. Salz in 250 ml warmem Wasser auflösen. Zitronensaft, Öl, Honig zugeben und zum Mehl geben. Teigkloß formen und in einer verschlossenen Schüssel in den Kühlschrank stellen.

- Nach 12 Std. den Teig ca. 5 Min. mit den Händen kneten und erneut für 10 Std. in den Kühlschrank stellen. Danach 1 Std. bei Zimmertemperatur aufbewahren. 8–10 Brötchen formen, auf Backpapier legen, 30 Min. gehen lassen.

- Backofen inklusive Blech auf 250 Grad vorheizen. Brötchen mit Wasser benetzen und auf mittlerer Schiene backen. 1 Tasse kochendes Wasser in eine Metallschale auf den Boden des Ofens geben. Auf 210 Grad zurückschalten, in den ersten 5 Min. mit Umluft backen, die restlichen 15 Min. mit Ober- und Unterhitze.

Nährwerte pro Brötchen

170 kcal • 6 g E • 2 g F • 31 g KH • 4 g BST

Perfekt für leckere Aufstriche

Lockeres Kartoffel-Hafer-Brot

Ergibt 1 Brot

25 Min. + 40 Min. Backzeit + 40 Min. Gehzeit

150 g Kartoffeln • 100 g Kürbis (alternativ Möhre) • 100 g Haferflocken (blütenzart) • 500 g Dinkelmehl (Type 630) • 1 Würfel Hefe • 1 EL Honig • 2 Eier • 2 TL Salz

- Kartoffeln mit Schale kochen, pellen und mit einer Gabel zerdrücken. Kürbis reiben.

- Backofen 5 Min. auf 50 Grad vorheizen, anschließend ausstellen.

- In einer Rührschüssel Kartoffeln, Kürbis, Haferflocken und Mehl mit zerbröselter Hefe, Honig, Eiern, Salz und 350 ml lauwarmem Wasser verkneten.

- Brotteig gut durchkneten und in eine gefettete Kastenform (30 cm) geben. Im ausgeschalteten Backofen auf die mittlere Schiene stellen und etwa 40 Min. gehen lassen, bis bis der Teig sein Volumen verdoppelt hat.

- Backofen auf 200 Grad (180 Grad Umluft) erhitzen und Brot etwa 40 Min. backen, bis sich eine gute Bräunung zeigt.

Nährwerte pro Scheibe ca. 45–50 g

120 kcal • 5 g E • 2 g F • 21 g KH • 3 g BST

Gelingt leicht

Spanisches Omelett mit Tomaten

Für 2 Portionen

30 Min. (mit vorgekochten Kartoffeln 15 Min.)

200 g Kartoffeln (festkochend) • 150 g Cocktailtomaten • 6 Eier • Salz, Pfeffer • 10 Basilikumblätter • 2 TL Öl

- Kartoffeln am Vortag gar kochen, pellen und in einer verschlossenen Dose im Kühlschrank lagern.

- Tomaten halbieren. Kartoffeln in Scheiben schneiden.

- Eier in einem kleinen Gefäß verquirlen und mit Salz und Pfeffer abschmecken. Basilikumblätter unterrühren.

- In einer beschichteten Pfanne 1 TL Öl erhitzen und die Hälfte der Kartoffelscheiben und der Tomaten in die Pfanne geben. Unmittelbar danach die Hälfte der Eimasse übergießen und bei mittlerer Hitze in geschlossener Pfanne 5–6 Min. garen. Vorsichtig wenden und weitere 2 Min. abbacken, auf die gleiche Weise das zweite Omelett backen.

Nährwerte

375 kcal • 23 g E • 23 g F • 18 g KH • 3 g BST

» Spanisches Omelett mit Tomaten

Schnell gemacht

Knackiger Paprika-Nuss-Aufstrich

Für 4 Portionen

10 Min. + 1 Std. zum Durchziehen

250 g Magerquark • 2 EL Frischkäse • 1 Frühlingszwiebel • 1 kleine rote Paprika • 4 Walnüsse • ½ TL Honig • Meersalz • Pfeffer

- Quark mit Frischkäse glatt rühren.
- Frühlingszwiebel in sehr feine Ringe schneiden. Paprika halbieren, entkernen und in kleine Würfel schneiden. Walnüsse knacken, essbaren Teil von der Schale lösen und grob hacken.
- Gemüse und Nüsse zur Quarkmischung geben, Honig dazugeben und alles gut verrühren.
- Mit Meersalz und Pfeffer abschmecken und ca. 1 Std. durchziehen lassen.

Nährwerte

155 kcal • 11 g E • 9 g F • 7 g KH • 2 g BST

Für Abwechslung auf dem Brot

Würziger Aufstrich aus roten Linsen

Für 6 Portionen

10 Min. + 15 Min. Kochzeit

1 kleine Stange Lauch • 2 cm Ingwer • 1 Möhre • 1 EL Olivenöl • 100 g getrocknete rote Linsen • 250 ml Gemüsebrühe • 1 TL Curry-Pulver • ¼ TL Kreuzkümmel-Pulver • 2 TL TK-6-Kräuter-Mischung • Salz, Pfeffer

- Lauch in feine Ringe schneiden. Ingwer schälen und in Scheiben schneiden. Möhre schälen und in grobe Stücke schneiden.
- Öl in einem Topf erhitzen und Lauch sowie Ingwer darin ca. 3 Min. anschwitzen. Möhre sowie abgespülte Linsen zugeben und mit Brühe ablöschen. Aufkochen und ca. 10–15 Min. bei mittlerer Hitze im offenen Topf köcheln lassen. Dabei ab und an umrühren und ggf. etwas Wasser nachgießen. Sobald die Linsen weich sind, vom Herd nehmen und abkühlen lassen.
- Curry-Pulver und Kümmel-Pulver zu den Linsen geben und alles gut pürieren. Kräuter untermischen und mit Salz und Pfeffer abschmecken.

Nährwerte

95 kcal • 5 g E • 3 g F • 12 g KH • 3 g BST

Besonders gut bei festem Stuhl

Pflaumenmus mit Mandeln und Zimt

Ergibt 1 Glas
10 Min.

120 g getrocknete Pflaumen (soft und ohne Stein) • 1 EL Puderzucker • 50 g gemahlene Mandeln • 1 Prise Zimt

- Pflaumen mit 2 EL Wasser in einem schlanken Gefäß mit einem Stabmixer zu einer homogenen Masse pürieren.
- Puderzucker, Mandeln und Zimt zugeben und gründlich vermengen.
- In ein Schraubglas füllen und im Kühlschrank aufbewahren.

Tipp: Wer es etwas weniger süß mag, verzichtet auf den Puderzucker.

Nährwerte pro Portion ca. 20 g
70 kcal • 1 g E • 3 g F • 9 g KH • 2 g BST

Besonders gut bei weichem Stuhl

Heidelbeeraufstrich

Ergibt 1 mittelgroßes Glas
6 Std. Abtropfzeit + 20 Min.

300 g TK-Heidelbeeren • 75 g Zucker • 1 Pck. Vanillezucker

- Küchensieb auf eine Schüssel stellen. Heidelbeeren in das Küchensieb geben und ca. 6 Std. bei Zimmertemperatur auftauen lassen. Saft abgießen.
- Abgetropfte Früchte in ein hohes Gefäß geben, Zucker und Vanillezucker zugeben und mit einem Pürierstab gründlich vermengen, sodass ein feines Fruchtmus entsteht.
- Fruchtpüree bei geringer Hitze und offenem Topf 15 Min. köcheln lassen. Noch heiß in ein Schraubglas füllen. Nach der Abkühlung im Kühlschrank aufbewahren.

Tipp: Mit viel Wasser vermischt, kann das Mus eine wunderbare Erfrischung sein. Es verfeinert auch eine Quarkspeise.

Nährwerte pro Portion ca. 20 g
25 kcal • 0 g E • 0 g F • 6 g KH • 1 g BST

Für einen frischen Start in den Tag

Hirsefrühstück mit fruchtigem Joghurt

2 Portionen
20 Min.

- 75 g Hirse
- 30 g gemischte Nüsse
- ½ Apfel
- 50 g Himbeeren
- 50 g Heidelbeeren
- 1 Pfirsich
- 200 g griechischer Joghurt

- Hirse in 250 ml Wasser in 10 Min. gar kochen, durch ein Sieb abgießen und abkühlen lassen.

- Nüsse in einer Pfanne bei mittlerer Temperatur unter Rühren rösten.

- Apfel entkernen und in feine Würfel schneiden. Beeren zum Apfel geben. Pfirsich entkernen, ebenfalls würfeln und mit der Hirse unter das übrige Obst mischen.

- Joghurt unterrühren und mit Nüssen bestreuen.

Variante Statt Hirse können auch Hafer- oder Gerstenflocken eingesetzt werden.

Tipp: Dieses lang sättigende Frühstück kann in einem Schraubglas auch gut mitgenommen werden, sodass es mit ein paar zusätzlichen Nüssen ein vollständiges Mittagessen sein kann. Wenn Sie es morgens vorbereiten und tiefgekühlte Beeren verwenden, bleibt die Mahlzeit noch lange frisch und die Beeren sind zur Mittagszeit aufgetaut.
Geröstete Nüsse sind ein echtes Kraftfutter. Bereiten Sie sich eine etwas größere Menge zu, sodass Sie damit spontan einen Salat toppen können oder einfach einen gesunden Zwischensnack zur Hand haben.

Nährwerte
395 kcal • 12 g E • 19 g F • 43 g KH • 8 g BST

Das beste Frühstück für den Bauch für jeden Tag

Für 1 Person

Die Toppings

Crunch

ca. 20g

gehackte Nüsse, wie Mandeln, Haselnüsse, Cashewkerne, Pekannüsse, Pistazien

Aroma

sparsam verwenden

Vanille, Zitronenschale, Orangenschale, Zimt, Kakaopulver, etwas Honig

Obst

ca. 100g

Beeren, Banane, Melone, Apfel, Birne, Pfirsich, Nektarine … wählen Sie Ihr Lieblingsobst der Saison

Die Basics

Flüssigkeit

200 ml

z.B. Milch, Reis-, Mandel-, Hafer-,Soja-, Kokosdrink

+

Flocken

40 g

z.B. Hafer-, Dinkel- oder Hirseflocken + 1 EL Haferkleie

Zusammen bei mittlerer Hitze auf dem Herd aufkochen und ca. 5–10 Min. quellen lassen, mit Toppings garniert genießen.

Energieschub für den Vormittag

Fruchtiges Müsli

Für 1 Portion

5 Min.

- 2–3 EL Naturjoghurt
- 2–3 EL Quark (20 %)
- 125 g Obst (z. B. Erdbeeren, Aprikosen, Banane, Apfel)
- 3–5 EL Hafer-, Dinkel- oder Hirseflocken
- 1 EL gehackte Mandeln

● Joghurt und Quark in einer kleinen Schale miteinander glatt rühren.

● Obst in mundgerechte Stücke schneiden, mit den restlichen Zutaten untermengen und schmecken lassen.

Tipp: Verrühren Sie 500 g Quark und 500 g Joghurt mit dem Mixer. Füllen Sie die Mischung in ein schönes Glas und stellen Sie es in den Kühlschrank. So haben Sie immer eine Joghurt-Quark-Mischung parat. Der Joghurt liefert darmfreundliche Bakterien und der Quark das nötige Protein für ein angenehmes Sättigungsgefühl.

Nährwerte

360 kcal • 19 g E • 11 g F • 45 g KH • 6 g BST

« Porridgebaukasten

SUPPEN

Der Exot unter den Suppen

Cremiger Rote-Linsen-Eintopf

Für 4 Portionen

10 Min. + 15 Min. Kochzeit

2 Zwiebeln (falls verträglich) • 1 Knoblauchzehe (falls verträglich) • 1 Möhre • 2 EL Öl • 300 g getrocknete rote Linsen • 1 l Gemüsebrühe • 500 g passierte Tomaten • 200 ml Sahne (alternativ Kokosmilch oder Hafersahne) • Salz, Pfeffer • Oregano • Kreuzkümmel-Pulver • Paprika-Pulver • Zitronensaft • Zucker

- Zwiebeln, Knoblauch und Möhre schälen und würfeln. In einem Topf mit Öl dünsten.
- Gewaschene Linsen hinzugeben, mit Gemüsebrühe aufgießen und ca. 15 Min. köcheln lassen.
- Tomaten, Sahne, Kokosmilch oder Hafersahne hinzugeben. Mit Gewürzen, Zitronensaft und Zucker abschmecken und servieren.

Nährwerte

595 kcal • 28 g E • 25 g F • 64 g KH • 12 g BST

Alternative zur Möhrensuppe

Milde Pastinakensuppe

Für 2 Portionen

10 Min. + 20 Min. Kochzeit

2 Pastinaken • 2 Möhren • 2 Kartoffeln (mehligkochend) • 3 Schalotten • 2 EL Öl • 800 ml Gemüsebrühe • 1 Bund Petersilie • 1 Becher Sahne • 1 EL Zitronensaft • Salz, Pfeffer • Muskat-Pulver

- Pastinaken, Möhren und Kartoffeln schälen und in kleine Würfel schneiden.
- Schalotten abziehen, würfeln und mit Öl in einem großen Topf glasig anschwitzen. Gemüsewürfel dazugeben und ca. 1 Min. mit anschwitzen. Mit Brühe ablöschen und ca. 20 Min. bei mittlerer Hitze köcheln lassen.
- In der Zwischenzeit Petersilie hacken und 1 EL beiseitelegen.
- Restliche Petersilie und Sahne zum Gemüse geben und alles fein pürieren. Zitronensaft zugeben und mit Salz, Pfeffer sowie Muskat-Pulver abschmecken.
- Mit Petersilie garniert servieren.

Nährwerte

550 kcal • 8 g E • 46 g F • 26 g KH • 10 g BST

Hausmittel gegen Durchfall

Möhrensuppe nach Moro

5–6 Portionen

15 Min. + 60 Min. Kochzeit

500 g Möhren • 2 Kartoffeln (ca. 150 g) • 3 g Salz • Muskat-Pulver

- Möhren sowie Kartoffeln schälen und klein schneiden. In 1 l Wasser 1 Std. kochen.
- Alles pürieren und mit Salz sowie etwas Muskat-Pulver abschmecken und auf 1 l auffüllen.
- Über den Tag verteilt essen.

Gut zu wissen: Der österreichische Kinderarzt Ernst Moro empfahl die Suppe schon 1908. Hintergrund ist, dass sich durch das lange Kochen Zuckermoleküle bilden, die Durchfallerreger binden.

Nährwerte

45 kcal • 2 g E • 0 g F • 9 g KH • 4 g BST

Klassiker neu aufgepeppt

Kartoffel-Suppe mit Räuchertofu (vegan)

Für 2 Portionen

25 Min. + 15 Min. Kochzeit

- 1 Zwiebel (falls verträglich)
- 1 kleine Sellerieknolle (ca. 300 g)
- 200 g Kartoffeln
- 1 Möhre
- 600 ml Gemüsebrühe
- 1 Lorbeerblatt
- einige Pfefferkörner
- ½ Stange Lauch
- 1–2 EL Öl
- 100 ml Hafersahne
- 200 g Räuchertofu
- Salz, Pfeffer
- einige Stängel Petersilie

● Zwiebel, Sellerie, Kartoffeln und Möhre schälen und würfeln. In kochende Gemüsebrühe geben und ca. 15 Min. sanft köcheln lassen. Lorbeerblatt und eventuell Pfefferkörner in einer Gewürzkugel mitkochen.

● Lauch in feine Ringe schneiden und in Öl dünsten.

● Kartoffeln mit Gemüse pürieren oder stampfen, mit Hafersahne und eventuell weiterer Brühe bis zur gewünschten Konsistenz auffüllen.

● Räuchertofu würfeln und zusammen mit dem Lauch zur Suppe geben.

● Mit Salz und Pfeffer würzen und mit gehackter Petersilie bestreut servieren.

Variante Alternativ zum Räuchertofu kann auch gegarte und fein gewürfelte Hühnerbrust oder geräucherter Lachs untergehoben werden.

Nährwerte

455 kcal • 22 g E • 28 g F • 28 g KH • 13 g BST

Klassiker mit pikanter Note

Würzige Spargel-Suppe mit Bärlauch

Für 2 Portionen
20 Min. + 20 Min. Kochzeit

500 g weißer Spargel • Salz • 1 TL Zucker • 1 EL Zitronensaft • 2 EL Öl • 2 TL helles Mehl • 200 ml Milch • 1 Bund Bärlauch

- Spargel schälen, holzige Enden entfernen und in ca. 3 cm lange Stücke schneiden. Spargelschalen mit Salz, Zucker und Zitronensaft in 750 ml Wasser ca. 10 Min. köcheln lassen. Anschließend über einem Sieb abgießen, Flüssigkeit auffangen.

- Spargelstücke in der aufgefangenen Flüssigkeit bissfest garen, abgießen und Flüssigkeit erneut auffangen.

- Öl in einem Topf erhitzen, Mehl einrühren und unter Rühren anschwitzen. Langsam Spargelwasser unterrühren, bis das Mehl bindet. Milch dazugeben und weitere 10 Min. köcheln lassen.

- Bärlauch hacken und 1 EL beiseitelegen. Rest zur Suppe geben und pürieren. Mit Salz abschmecken. Spargelstücke in die Suppe geben, auf Teller verteilen und mit beiseitegelegtem Bärlauch dekoriert servieren.

Nährwerte
240 kcal • 8 g E • 23 g F • 22 g KH • 9 g BST

Herrlich erfrischend

Grüne Erbsensuppe mit frischer Minze

Für 2 Portionen
20 Min.

1 Schalotte (falls verträglich) • 1 EL Öl • 300 g grüne Erbsen (frisch oder TK) • 200 ml Gemüsebrühe • 2–3 Stiele frische Minze • 100 ml Schlagsahne • Salz, weißer Pfeffer

- Schalotte abziehen und in feine Würfel schneiden. Öl in einem großen Topf erhitzen und Würfel darin anschwitzen.

- Erbsen und Gemüsebrühe dazugeben und aufkochen lassen. 5 Min. auf kleiner Flamme köcheln lassen.

- Minzeblätter in feine Streifen schneiden. Etwas davon mit der Sahne unter die Suppe geben, fein pürieren und nochmals kurz aufkochen.

- Mit Salz und Pfeffer abschmecken und mit etwas Minze garnieren.

Das passt dazu gebratener Lachs

Nährwerte
340 kcal • 13 g E • 23 g F • 22 g KH • 9 g BST

» Grüne Erbsensuppe mit frischer Minze

SALATE, ANTIPASTI UND DIPS

Am nächsten Tag fast noch besser

Mediterraner Nudelsalat

Für 2 Portionen

20 Min.

100 g Nudeln (z. B. Farfalle oder Spirelli) • 1 rote Paprika • 1 gelbe Paprika • 2 kleine Zucchini • 1 kleine Aubergine • 3 EL Olivenöl • 2 Frühlingszwiebeln • 2 EL Essig • 1 Prise Zucker • Salz, Pfeffer • 50 g Pinienkerne • 100 g Feta

- Nudeln nach Packungsanweisung in Salzwasser kochen, abgießen und auskühlen lassen.

- In der Zwischenzeit Paprika, Zucchini und Aubergine in kleine Würfel schneiden. In einer beschichteten Pfanne mit 1 EL Öl anschwitzen.

- Zwiebeln in feine Ringe schneiden.

- Restliches Öl mit Essig, Zucker, Salz und Pfeffer zu einem Dressing verrühren. Dressing mit Nudeln und Gemüse in einer großen Salatschüssel mischen.

- Pinienkerne in einer Pfanne ohne Öl rösten. Feta mit den Händen zerbröseln und zusammen mit den Pinienkernen über den Salat geben.

Nährwerte

687 kcal • 25 g E • 44 g F • 51 g KH • 13 g BST

Warm wie kalt ein Genuss

Spicy Kürbissalat mit Linsen

Für 2 Portionen

40 Min.

1 kleine Zwiebel (falls verträglich) • 1 Knoblauchzehe (falls verträglich) • 1 EL Öl • 100 g rote Linsen (getrocknet) • Paprika-Pulver, edelsüß • Kurkuma-Pulver • Curry-Pulver • Salz, Pfeffer • 200 ml Gemüsebrühe • 1 kleiner Hokkaidokürbis • 150 g Kirschtomaten • 1 Handvoll Spinat (TK)

- Zwiebel und Knoblauch abziehen und fein würfeln. In einer Pfanne mit Öl glasig dünsten. Abgespülte Linsen hinzugeben, Gewürze untermengen, mit Gemüsebrühe ablöschen und 20 Min. bei mittlerer Hitze köcheln lassen.

- In der Zwischenzeit Kürbis in mundgerechte Stücke schneiden. Tomaten zusammen mit den Kürbisstücken zu den Linsen geben. Weitere 10 Min. köcheln lassen.

- Spinat unterrühren und alles nochmals abschmecken. Warm servieren.

Tipp: Reste übrig? Der Salat schmeckt auch kalt am nächsten Tag noch wunderbar.

Nährwerte

330 kcal • 18 g E • 9 g F • 43 g KH • 8 g BST

Ungewöhnliche Geschmackskombi

Mozzarella-Fenchel-Salat

Für 2 Portionen

20 Min.

2 mittelgroße Fenchelknollen • 3 EL Öl • 1 Bund Petersilie • 6 EL Zitronensaft • 1 Prise Zucker • Salz, Pfeffer • 150 g kleine Mozzarella-Kugeln

- Fenchel längs halbieren, Strunk herausschneiden und in dünne Streifen schneiden. 1 EL Öl in einer Pfanne erhitzen, den Fenchel darin bissfest dünsten und abkühlen lassen.

- Petersilie hacken.

- 2 EL Öl, Zitronensaft, Zucker, Salz und Pfeffer zu einem Dressing verrühren. Petersilie unterrühren.

- Mozzarella-Kugeln mit den Fenchelstreifen mischen und Dressing darübergeben.

Variante Sie mögen es gerne kernig? Dann bestreuen Sie den Salat noch mit gerösteten und gehackten Cashewkernen oder Mandeln.

Nährwerte

445 kcal • 21 g E • 34 g F • 15 g KH • 10 g BST

Aromatisch, würzig und süß

Selleriesalat mit Pfifferlingen

Für 2 Portionen
10 Min.

1 kleine Sellerieknolle • Saft einer halben Zitrone • 1 Apfel • 60 g Walnusskerne • 1 Glas Pfifferlinge (150 g) • 150 g Joghurt • 2 EL Salatcreme • Salz, Pfeffer

- Sellerie schälen, raspeln und mit Zitronensaft mischen. Apfel ebenfalls raspeln und unter den Sellerie mischen.
- Nüsse hacken, Pfifferlinge abtropfen lassen und zum Sellerie geben.
- Joghurt mit Salatcreme zu einem Dressing mischen und mit Salz und Pfeffer abschmecken. Selleriesalat mit Dressing mischen und erneut mit Salz und Pfeffer würzen.

Nährwerte
355 kcal • 10 g E • 26 g F • 19 g KH • 12 g BST

Gepeppt mit Macadamianüssen

Fruchtige Rote-Bete-Rohkost

Für 2 Portionen
20 Min.

350 g Rote Bete (frisch und roh) • 150 g griechischer Joghurt • Saft einer halben Orange • Salz • Curry-Pulver • 50 g geröstete Macadamianüsse

- Rote Bete schälen, mit einer Küchenreibe fein reiben und auf einen tiefen Teller anrichten.
- Joghurt mit Orangensaft verrühren und mit Salz sowie wenig Curry-Pulver abschmecken.
- Joghurtsauce über die Rote Bete verteilen und nicht umrühren.
- Nüsse grob hacken und über den Salat verteilen.

Nährwerte
355 kcal • 7 g E • 27 g F • 17 g KH • 7 g BST

Blitzsalate – DIY

Fast alle Gemüsearten können roh gegessen werden und bilden so die Grundlage für knackige Salate (Ausnahmen sind Auberginen, Erbsen, Bohnen und Linsen). Das Gemüse wird – je nach Härtegrad – mittelfein oder grob geraspelt. Je nach Geschmack kann man auch einen Apfel oder eine Birne mitraspeln.

Damit der Salat gut bekömmlich ist und alle Inhaltsstoffe des Gemüses für den Körper verwertbar sind, kommt eine Fettquelle dazu, also entweder Öl, Sahne, Crème fraîche oder saure Sahne.

Gewürzt wird meist mit Salz und einer milden Pfefferart (z. B. weißer Pfeffer oder roter Kampot-Pfeffer). Zur Abrundung des Geschmacks kommen noch Kräuter oder Nüsse hinzu. Fertig!

Möhren-Apfel-Rohkost

2 Möhren und 1 Apfel raspeln. Je 1 EL neutrales Öl (z. B. raffiniertes Raps- oder Sonnenblumenöl) und Zitronensaft miteinander vermischen und über die Möhren-Apfel-Mischung geben. Eventuell mit einem Hauch Zucker oder Agavensirup verfeinern.

Möhren-Kokos-Rohkost

2–3 Möhren raspeln. 50 ml Sahne mit 2 EL Kokosraspeln vermischen und über die Möhren geben. 10 Min. ziehen lassen.

Möhren-Mandel-Rohkost

2–3 Möhren raspeln. 1 EL Nussöl und 1 EL Mandelmus verrühren und mit dem Salat vermischen. Mit ein paar Spritzern Zitronensaft abschmecken.

Sellerie-Apfel-Rohkost

300 g Knollensellerie und 1 Apfel raspeln. 50 g saure Sahne mit 1 EL Mandelmus (oder gemahlenen Mandeln bzw. Haselnüssen) verrühren und über die Sellerie-Apfel-Mischung geben. 10 Min. ziehen lassen.

Variante: Schmeckt auch gut mit Walnüssen.

Sellerie-Rohkost mit gerösteten Haselnüssen

300 g Knollensellerie und 1 Apfel raspeln. 1 EL Nussöl mit 1 EL Zitronensaft verrühren und über den Sellerie geben. 50 g Haselnüsse in der Pfanne rösten, abkühlen lassen, hacken und über den Selleriesalat geben. 10 Min. durchziehen lassen.

Kohlrabi-Rohkost

300 g Kohlrabi raspeln. 1–2 EL neutrales Öl, je eine Prise Salz und Pfeffer und viel Schnittlauch untermischen. 10 Min. ziehen lassen.

Variante: Statt Kohlrabi Mairübchen verwenden.

Blumenkohlsalat mit gerösteten Haselnusskernen

300 g Blumenkohl raspeln. 1–2 EL Haselnussöl, je eine Prise Salz und Pfeffer untermischen. Mit gerösteten und gehackten Haselnusskernen bestreuen.

Lässt sich gut vorbereiten

Couscous-Gemüse-Salat

Für 2 Portionen

30 Min.

100 g Couscous • Salz • 150 g Zucchini • 150 g Tomaten • 100 g Mais (aus der Dose) • 2 EL Zitronensaft • 2 EL Olivenöl • Pfeffer • ½ Bund Schnittlauch

- Couscous mit 200 ml gesalzenem Wasser zum Kochen bringen und bei ausgeschalteter Herdplatte 10 Min. quellen lassen. Anschließend abkühlen lassen.
- Zucchini und Tomaten in feine Würfel schneiden. Mais abtropfen lassen.
- Zitronensaft mit Öl in einer Salatschüssel vermengen, mit Pfeffer und Salz würzen.
- Gemüse mit abgekühltem Couscous und dem Dressing vermischen. Schnittlauch in kleine Röllchen schneiden und unter den Salat heben.

Tipp: Um dem Salat noch einen besonderen Pfiff zu verleihen, können Sie 100 g gehackte Cashewkerne oder 100 g Schafskäsewürfel unterheben.

Nährwerte

350 kcal • 9 g E • 14 g F • 45 g KH • 5 g BST

« Couscous-Gemüse-Salat

Farbenpower

Kerniges Rote-Bete-Carpaccio

Für 2 Portionen

15 Min. + 1 Std. Kochzeit

2 Knollen frische Rote Bete (alternativ vorgekocht) • 80 g Schafskäse • 1 EL Olivenöl • ½ EL Essig • ½ TL Senf • Salz, Pfeffer • etwas Limettensaft • 25 g Sonnenblumenkerne • gehackte Petersilie

- Rote Bete mit Schale ca. 1 Std. kochen lassen. Wasser abgießen, Knollen etwas abkühlen lassen und dann schälen. Rote Bete in feinste Scheiben schneiden (z. B. mit einer Brotschneidemaschine oder einem sehr scharfen Messer).
- Scheiben auf einen Teller legen, Schafskäse daraufkrümeln.
- Für das Dressing Olivenöl, Essig und Senf mit etwas Salz und Pfeffer verrühren. Ein Hauch Limettensaft (oder abgeriebene Schale einer Bio-Limette) verleiht zusätzliche Frische.
- Dressing auf das Carpaccio geben, mit Sonnenblumenkernen sowie Petersilie bestreuen und servieren.

Nährwerte

275 kcal • 12 g E • 20 g F • 12 g KH • 4 g BST

Gebratenes **Gemüse** – DIY

Gebratene Gemüsescheiben sind in 5 Minuten fertig. Sie lassen sich gut vorbereiten und schmecken auch am nächsten Tag abgekühlt noch wunderbar. Sie können aus vielen Gemüsesorten hergestellt werden und ergänzen variantenreich alle Mahlzeiten.

Gebratene Zucchinischeiben

Zucchini in ca. 1 cm dicke Scheiben schneiden. In Olivenöl beidseitig anbraten. Mit Salz und Pfeffer bestreuen. Fertig.

Varianten:

- 1 EL geriebenen Parmesan darüberstreuen und leicht schmelzen lassen.
- In Scheiben geschnittenen Ziegencamembert darauflegen.
- Das ist auch mit anderen Käsesorten wie Gouda, Emmentaler etc. möglich.

Gebratene Selleriescheiben

Sellerie in ca. 1 cm dicke Scheiben schneiden. Wer gerne weiches Gemüse mag, blanchiert die Scheiben, lässt sie auf Küchenpapier abtropfen und brät sie anschließend in Olivenöl an. Man kann sie aber auch direkt anbraten, dann haben sie mehr Biss.

Varianten:

- Gebratenen Selleriescheiben mit Käse bestreuen oder belegen und schmelzen lassen.
- Selleriescheiben mit Ei und Semmelbröseln panieren und braten.
- Selleriescheiben mit Ei und gemahlenen Erdnussflips panieren und braten.
- Statt Sellerie kann auch Kohlrabi verwendet werden.

Perfekte Ergänzung zum Abendbrot

Gebratene Zucchini mit Schafskäse

Für 2 Portionen

15 Min. + 10 Min. Backzeit

2 Zucchini • 2 EL Olivenöl • Salz, Pfeffer • ½ TL Paprika-Pulver • 100 g Schafskäse oder Ziegenweichkäse • Kräuter der Provence • 2 EL flüssiger Honig • 4 Scheiben Brot oder Baguette

- Backofen auf 180 Grad (Umluft 160 Grad) vorheizen.
- Zucchini in fingerdicke Scheiben schneiden und in Olivenöl bei mittlerer Hitze beidseitig anbraten.
- Gemüse schuppenförmig in eine Auflaufform legen, mit Salz, Pfeffer und Paprika-Pulver würzen.
- Schafskäse zerbröckeln (oder den Ziegenweichkäse in dünne Scheiben schneiden) und über die Zucchinischeiben streuen, mit Kräutern der Provence bestreuen und 10 Min. überbacken. Honig gleichmäßig über das Gemüse verteilen.
- Mit frischem Brot oder Baguette servieren.

Tipp: Schmeckt warm und kalt!

Nährwerte

500 kcal • 17 g E • 23 g F • 55 g KH • 5 g BST

Lässt sich auf Vorrat produzieren!

Buntes Antipasti-Gemüse

Für 2 Portionen

20 Min.

100 g rote Paprika • 100 g gelbe Paprika • 100 g Aubergine • 4 EL Öl • 100 g Champignons • 100 g Zucchini • 2 EL Balsamessig • Salz, Pfeffer

- Paprika in große breite Streifen, Aubergine in fingergroße Streifen schneiden.
- 2 EL Öl in einer beschichteten Pfanne erhitzen und Paprikastreifen mit den Auberginen darin 3 Min. dünsten.
- Pilze putzen, große Pilze halbieren. Die Zucchini in fingerdicke Streifen schneiden und zum übrigen Gemüse geben. Gemeinsam 5–7 Min. bei mittlerer Hitze dünsten, bis das Gemüse gar, aber noch bissfest ist.
- Das übrige Öl hinzugeben, mit dem Balsamessig beträufeln und mit Salz sowie Pfeffer würzen.

Tipp: Dieses Gemüse lässt sich ganz wunderbar auch in größerer Menge zubereiten und einige Tage im Kühlschrank aufbewahren.

Nährwerte

270 kcal • 4 g E • 25 g F • 8 g KH • 6 g BST

Perfekt fürs Büro

Reissalat mit Huhn im Glas

Für 2 Portionen

30 Min.

- ½ kleiner Blumenkohl
- 70 g Reis
- ½ orangene Paprika
- 50 g Zuckerschoten
- 1 Hähnchenbrustfilet (150 g)
- Salz, Pfeffer
- 1 EL Öl
- ½ Granatapfel
- 3 EL Crème fraîche
- 1 EL Milch
- ½ TL Kurkuma-Pulver
- 1 TL Curry-Pulver
- 2 große Gläser mit Deckel (z. B. von Weck)

Blumenkohl in kleine Röschen teilen. Den schwer verträglichen Strunk nicht mitverwenden. Reis nach Packungsanweisung in Salzwasser garen, dabei 5 Min. vor Ende der Garzeit Blumenkohlröschen zugeben. Beides über einem Sieb abgießen.

In der Zwischenzeit Paprika und Zuckerschoten in mundgerechte Stücke schneiden.

Hähnchenbrustfilets kalt abbrausen, trocken tupfen, mit Salz und Pfeffer einreiben. Öl in einer beschichteten Pfanne erhitzen und Filets von jeder Seite ca. 2 Minuten anbraten, dann auf niedrige Stufe zurückschalten und in abgedeckter Pfanne in ca. 6 Min. fertig garen. Fleisch herausnehmen und in der noch heißen Pfanne Paprika- und Zuckerschotenstücke mit etwas Salz ca. 5 Min. anbraten, dann abkühlen lassen.

Abgekühltes Fleisch in feine Streifen schneiden. Granatapfel mit leichtem Druck über die Arbeitsfläche rollen, damit sich die Kerne besser lösen. Anschließend mit einem Messer vierteln und Kerne von Hand ablösen.

Crème fraîche mit Milch glatt rühren, dann Kurkuma- sowie Curry-Pulver untermischen und mit Salz sowie Pfeffer abschmecken. Die Hälfte des Dips unter den Reis und den Blumenkohl heben.

Nun alles in die Gläser schichten: Reis und Blumenkohl ins Glas füllen, darauf Granatapfel, dann Hähnchenbrustfiletstücke, darauf etwas Dip. Als letzte Schicht Paprika und Zuckerschoten hineingeben. Glas verschließen und bis zum Verzehr im Kühlschrank aufbewahren.

Nährwerte

475 kcal • 26 g E • 23 g F • 41 g KH • 23 g BST

Schneller Dip fürs Salatbuffet

Basilikum-Dip

Für 4 Portionen

10 Min.

6 Stängel Basilikum • 2 EL Pinienkerne • 100 g Feta • 100 g Frischkäse • 100 g Naturjoghurt • Salz, Pfeffer

- Basilikumblätter abzupfen.
- Pinienkerne in einer beschichteten Pfanne ohne Öl kurz rösten.
- Feta mit den Händen zerkrümeln.
- Alles zusammen mit dem Frischkäse pürieren. Joghurt unterrühren, mit Salz und Pfeffer abschmecken.

Nährwerte

205 kcal • 10 g E • 17 g F • 2 g KH • 1 g BST

Passt perfekt zu Rohkost

Feine Avocado-Creme

Für 2 Portionen

5 Min.

1 reife Avocado • Zitronensaft • 2 EL Crème fraîche • Salz, Pfeffer • Knoblauch-Pulver (optional)

- Avocado halbieren, Stein entfernen und mit einem Löffel Fruchtfleisch herauslösen.
- Fruchtfleisch mit einer Gabel zerdrücken und mit ein paar Spritzern Zitronensaft beträufeln.
- Crème fraîche unterrühren und den Dip nach Belieben mit Salz, Pfeffer, Zitronensaft und evtl. etwas Knoblauch-Pulver abschmecken.

Nährwerte

220 kcal • 2 g E • 23 g F • 1 g KH • 2 g BST

Auch fürs kalte Buffet geeignet

Curry-Dip mit Orangennote

Für 2 Portionen

5 Min.

125 g Magerquark • 3 EL Orangensaft • 150 g griechischer Joghurt • 1 TL Curry-Pulver • Salz, Pfeffer

- Quark mit Orangensaft glatt rühren. Joghurt sowie Curry-Pulver untermischen, mit Salz und Pfeffer abschmecken.

Nährwerte

145 kcal • 11 g E • 8 g F • 7 g KH • 0 g BST

Ideal zum Dippen von Gemüsestreifen

Kichererbsenhummus

Für 3–4 Portionen

10 Min. + 12 Std. Einweichzeit + 45 Min. Kochzeit

100 g getrocknete Kichererbsen (alternativ 300 g aus der Konserve) • 2 EL Zitronensaft • 4–5 EL Wasser • 1 EL Olivenöl • 75 g helle Sesampaste (Tahin) • 1 Knoblauchzehe (falls verträglich) • 1 TL Salz

- Getrocknete Kichererbsen mit der doppelten Menge Wasser über Nacht einweichen.
- Kichererbsen abgießen, mit frischem Wasser auffüllen, zum Kochen bringen und ca. 45 Min. köcheln lassen, bis sie sehr weich sind.
- Kichererbsen nochmals abgießen und mit Zitronensaft, Wasser, Olivenöl und Sesampaste pürieren. Mit Knoblauch und Salz würzen.
- Einige Stunden durchziehen lassen.

Nährwerte

225 kcal • 8 g E • 14 g F • 17 g KH • 4 g BST

GEMÜSEGERICHTE MIT UND OHNE FISCH ODER FLEISCH

Streetfood-Trend für zu Hause

Kumpir – die moderne Ofenkartoffel

Für 2 Portionen
30 Min.

2 vorgekochte Ofenkartoffeln (Kühlregal) • Salz • 6 Champignons • 1 rote Paprika • 100 g Zuckerschoten • 1 EL Öl • 1 EL Gartenkräuter • 150 g griechischer Joghurt • Salz, Pfeffer • 1 EL Pinienkerne • 2 TL Butter • 2 EL geriebener Käse

- Vorgekochte Ofenkartoffeln nach Packungsanweisung zubereiten.

- Pilze putzen und in Scheiben schneiden. Paprika und Zuckerschoten in mundgerechte Stücke schneiden. 1 EL Öl in einer Pfanne erhitzen und Gemüse darin anbraten.

- Kräuter in den Joghurt rühren, mit Salz und Pfeffer abschmecken. Pinienkerne in einer beschichteten Pfanne ohne Öl rösten.

- Fertige Kartoffeln längs einschneiden, mit der Gabel das Kartoffelinnere etwas lockern und mit Butter, etwas Salz und Käse vermengen.

- Gebratenes Gemüse auf den Kartoffeln verteilen, Joghurtdip darübergeben und mit Pinienkernen bestreuen.

Nährwerte
515 kcal • 17 g E • 31 g F • 40 g KH • 11 g BST

Lässt sich super vorbereiten

Schmorgemüse in Wraps

Für 2 Portionen

10 Min + 20 Min. Kochzeit

- 1 Zwiebel (falls verträglich)
- 2 Knoblauchzehen (falls verträglich)
- 1 Zucchini
- 1 Aubergine
- 100 g Champignons
- 200 g Cocktailtomaten
- 3 EL Olivenöl
- 1 TL Honig
- 1 TL Salz
- 1 EL Zitronensaft
- Pfeffer
- 2 Wraps
- 200 g griechischer Joghurt

- Zwiebel und Knoblauchzehen abziehen und in feine Würfel schneiden. Zucchini und Aubergine ebenfalls fein würfeln. Pilze putzen und vierteln, besonders große Champignons achteln. Cocktailtomaten halbieren.

- 2 EL Öl in einem großen Topf erwärmen, Zwiebel- und Knoblauchwürfel darin bei mittlerer Hitze in ca. 5 Min. glasig dünsten. Restliches Gemüse zugeben, Honig und Salz zugeben, alles gut vermischen. Gemüse im geschlossenen Topf bei mittlerer Hitze ca. 15–20 Min. schmoren lassen, dabei ab und an umrühren.

- Gemüse vom Herd nehmen, Zitronensaft und restliches Öl daruntergeben und mit Salz und Pfeffer abschmecken.

- Wraps nach Packungsanweisung erwärmen, mit Joghurt bestreichen und Gemüse darauf verteilen.

Nährwerte

395 kcal • 14 g E • 12 g F • 56 g KH • 8 g BST

Fleischlose Bolognese-Variante

Pasta mit Linsenbolognese

Für 2 Portionen

30 Min.

100 g Nudeln • 1 Zwiebel (falls verträglich) • 1 Knoblauchzehe (falls verträglich) • 2 Möhren • 1 Selleriestange • 2 EL Öl • 100 g getrocknete rote Linsen • 1 EL Tomatenmark • 200 ml Gemüsebrühe • 500 ml passierte Tomaten • 1 Prise Zucker • Oregano • Paprika-Pulver, edelsüß • Salz, Pfeffer • 50 g geriebener Käse

- Nudeln nach Packungsanweisung in Salzwasser kochen.

- In der Zwischenzeit Zwiebel und Knoblauch in feine Würfel schneiden. Möhren und Sellerie ebenfalls würfeln.

- Öl in einem Topf erhitzen, Zwiebeln und Knoblauch darin glasig anschwitzen. Möhren, Sellerie, abgespülte Linsen und Tomatenmark hinzugeben und ebenfalls mit anbraten. Mit Gemüsebrühe ablöschen und Tomatensugo angießen.

- Alles ca. 10 Min. köcheln lassen, bis die Linsen gar sind. Mit Zucker und Gewürzen abschmecken. Nudeln zugeben und mit Käse bestreut servieren.

Nährwerte

500 kcal • 21 g E • 15 g F • 68 g KH • 11 g BST

Abgewandelter Klassiker

Kernig gefüllte Paprika

Für 2 Portionen

40 Min.

60 g Reis • 50 g Cashewkerne • 2 Paprika • 80 g TK-Erbsen • 1 EL Schmand • Salz, Pfeffer • 200 ml Gemüsebrühe • 100 g Sahne • ½ EL Mehl • Curry-Pulver

- Reis in Salzwasser kochen.

- Cashewkerne grob hacken und in einer Pfanne ohne Fett rösten. Deckel der Paprika abschneiden und Kerne entfernen.

- Reis, Erbsen, Cashewkerne und Schmand verrühren, mit Salz und Pfeffer würzen, alles in die Paprika füllen. Deckel auflegen und nebeneinander in einen Topf setzen. Brühe zugießen und aufkochen lassen.

- Zugedeckt ca. 20 Min. köcheln lassen, danach Paprika entnehmen.

- Sahne, Mehl und Curry-Pulver glatt rühren und in die Brühe einrühren. Ca. 5 Min. köcheln lassen, mit Salz und Pfeffer abschmecken.

- Sauce zu den gefüllten Paprika servieren.

Nährwerte

510 kcal • 13 g E • 31 g F • 45 g KH • 9 g BST

Für die schnelle Küche

Schneller Gemüseauflauf mit Nudeln

2 Portionen

20 Min. + 15. Min. Backzeit

- 140 g Nudeln
- 1 EL Öl
- 500 g TK-Gemüse-mischung (z. B. Butter-gemüse)
- 100 g gekochter Schinken (alternativ Tofu)
- 150 ml Sahne (alternativ Hafersahne)
- 1 EL TK-Kräuter
- 1 TL Salz
- Pfeffer
- 60 g geriebener Gouda
- 40 g Sonnenblumenkerne

- Nudeln in reichlich Salzwasser gar kochen und abgießen.
- Öl in einer Pfanne erhitzen, das tiefgekühlte Gemüse zugeben und ca. 10 Min. mit Deckel köcheln lassen.
- Backofen auf 180 Grad (Umluft) vorheizen.
- Schinken würfeln und Nudeln sowie Gemüse in eine Auflaufform geben und vermengen.
- Sahne mit Kräutern, Salz, Pfeffer abschmecken und über die Nudel-Gemüse-Mischung verteilen. Gouda und Sonnenblumenkerne auf dem Auflauf verteilen.
- Ca. 15 Min. überbacken, bis die Oberfläche leicht gebräunt ist.

Tipp: Probieren Sie mal Nudeln aus Hülsenfrüchten. Linsennudeln oder Kichererbsennudeln sind mittlerweile in fast alles Supermärkten erhältlich. Falls Sie lieber Reis mögen oder noch Kartoffeln vom Vortag haben, können die durch die Nudeln ersetzt werden. Bei diesem Gericht geht es vor allem um eine gute Gemüsemenge. Wählen Sie eine Gemüsemischung, die Ihnen besonders gut schmeckt, oder stellen Sie aus einzelnen TK-Gemüsesorten Ihre persönliche Lieblingsmischung zusammen.
Für Berufstätige kann TK-Gemüse eine echte Zeitersparnis sein. Nebenbei lässt es sich gut bevorraten.

Nährwerte

765 kcal • 40 g E • 50 g F • 38 g KH • 12 g BST

Ein zeitloser Klassiker

Farbenfrohe Gemüsepizza

Für 1 Blech

30 Min. + 30 Min. Gehzeit + 20 Min. Backzeit

Für den Teig

- 350 g Dinkelmehl (Type 630)
- Salz
- ½ Würfel Hefe

Für den Belag

- 250 g Brokkoli
- ½ Bund Frühlingszwiebeln
- 100 g Erbsen
- 300 g Tomaten
- 1 EL TK-Gartenkräuter
- 250 g geriebener Käse
- Salz, Pfeffer

- Mehl mit ½ TL Salz vermischen und in eine Schüssel geben. In der Mitte eine Mulde bilden, Hefe zerbröckelt hineingeben. 250 ml lauwarmes Wasser darübergeben, alles verkneten und Teig ca. 30 Min. bedeckt gehen lassen.

- Brokkoli in kleine Röschen schneiden. Frühlingszwiebel in Ringe schneiden.

- Brokkoli 3 Min. in Salzwasser garen, Frühlingszwiebeln und Erbsen 1 Min. mitgaren. Alles abgießen und abtropfen lassen.

- Tomaten in Scheiben schneiden.

- Kräuter mit dem Käse vermischen, mit Salz und Pfeffer würzen.

- Pizzateig erneut durchkneten, ausrollen und auf ein gefettetes Backblech legen. Gemüse darauf verteilen und Käse darüberstreuen.

- Ca. 20 Min. backen (Ober-/Unterhitze 220 Grad – nicht vorheizen).

Tipp: Die Pizza wird noch verträglicher, wenn Sie nur die Hälfte der Hefe nehmen und den Teig über Nacht in einem geschlossenen Gefäß im Kühlschrank gehen lassen.

Nährwerte pro Stück

260 kcal • 17 g E • 6 g F • 32 g KH • 6 g BST

Ein bunter Sattmacher

Kidneybohnen-Pfanne

Für 2 Portionen

30 Min.

50 g Zwiebel (falls verträglich) • 200 g Möhren • 150 g Lauch • 200 g rote Paprika • 200 g gelbe oder grüne Paprika • 2 EL Olivenöl • 100 ml Gemüsebrühe • 300 g Kidneybohnen (aus Glas oder Dose) • 1 EL Tomatenmark • Salz, Pfeffer • Knoblauchpulver • Paprikapulver • 50 g saure Sahne • 1 Bund frische Kräuter (z. B. Schnittlauch, Petersilie)

- Zwiebel abziehen und fein hacken. Möhren und Lauch in Scheiben schneiden, Paprika würfeln.

- Öl erhitzen, Zwiebeln andünsten, Möhren und Lauch zugeben. Nach ca. 10 Min. Paprikawürfel mitdünsten. Je nach Bedarf Gemüsebrühe hinzugeben.

- Zum Schluss abgetropfte Kidneybohnen und Tomatenmark dazugeben. Mit den Gewürzen abschmecken.

- Auf jede Portion einen Klecks saure Sahne geben und gehackte Kräuter darüberstreuen.

Nährwerte

420 kcal • 14 g E • 22 g F • 40 g KH • 22 g BST

Fitmacher-Leckerei

Körniger Frischkäse mit Paprika

Für 1 Portion (als Zwischenmahlzeit Portion halbieren)

10 Min.

½ rote Paprika • ½ gelbe Paprika • 200 g körniger Frischkäse bzw. Hüttenkäse • 1 EL Olivenöl • Kräuter nach Belieben (z. B. Schnittlauch, Dill, auch Frühlingszwiebel) • Salz, Pfeffer

- Paprika in Würfel schneiden.

- Frischkäse mit Öl und Kräutern sowie Salz und Pfeffer mischen. Paprikawürfel dazuzugeben.

Variante Diese Art der Zubereitung ist mit vielen Gemüsearten möglich, z. B. Gurke, Radieschen, Fenchel (auf einem Gurkenhobel reiben!), Stangensellerie, Avocado etc.

Tipp: Der körnige Frischkäse schmeckt auch wunderbar in einer süßen Variante (ohne Öl und Gewürze), z. B. mit Blaubeeren, Erdbeeren, Aprikosen oder Äpfeln.

Nährwerte

365 kcal • 28 g E • 21 g F • 15 g KH • 6 g BST

Gemüse-pfannen – DIY

Gemüsepfannen sind im Nu fertig und wenig Abwasch hat man auch, da nur eine Pfanne und eventuell noch ein Topf benutzt werden. Am besten geeignet sind beschichtete oder gusseiserne Pfannen mit einem breiten Boden. Als Kohlenhydratquelle können Kartoffeln, Nudeln, Reis, Quinoa oder Hirse dienen. Nur die Kartoffeln werden direkt mit in der Pfanne gegart. Nudeln, Reis und Co. sollten in einem Topf nach Packungsanweisung gekocht werden, während das Gemüse in der Pfanne schmort. Sie werden zum Schluss mit dem Gemüse in der Pfanne vermischt.

Die rohen Kartoffeln schälen, in Würfel schneiden und im heißen Öl (mittlere Stufe) kurz unter Wenden anbraten. Wer mit vorgekochten Kartoffeln arbeitet, beginnt mit dem härtesten Gemüse, z. B. mit Möhrenwürfeln. Wenn alle Kartoffel- bzw. Gemüsestücke mit Öl überzogen und auf die richtige Temperatur gekommen sind, kann man etwas heiße Gemüsebrühe angießen, aber nur so viel, dass der Boden der Pfanne leicht bedeckt ist. Dann kommt der Deckel darauf. Nach und nach werden die anderen Gemüsearten in der Reihenfolge ihres Härtegrades zugegeben. Wenn die Flüssigkeit verdampft ist, etwas Gemüsebrühe nachschütten. Vorgekochte Kartoffeln kommen zum Schluss dazu. Dann wird die Hitze runtergeschaltet. Jedes Gemüse sollte noch Biss und seine charakteristischen Eigenschaften haben. Zum Schluss kommt noch eine Proteinquelle dazu, wie zum Beispiel Feta, Nüsse, Samen oder Räuchertofu. Für zusätzliche Würze können weitere Zutate, wie getrocknete Tomaten oder Oliven ergänzt werden.

Mit indischer Note

Blumenkohl-Kartoffel-Pfanne mit Ei

Für 2 Portionen

45 Min.

300 g Kartoffeln (vorgekocht und gelagert) • 2 EL Olivenöl • Gemüsebrühe • 400 g Blumenkohl • 100 g Crème fraîche oder Sahne • Salz, Pfeffer • Curry • 2 Eier • Schnittlauch

- Kartoffeln würfeln und in heißem Öl kurz anbraten. Etwas Gemüsebrühe zugeben und ca. 5 Min. bei milder Hitze dünsten.

- Blumenkohl in Röschen zerteilen und zu den Kartoffeln in die Pfanne geben. Nach Bedarf etwas Gemüsebrühe zugeben und ca. 5-10 Min. dünsten. Vor dem Anrichten Crème fraîche oder Sahne unterrühren, mit Salz, Pfeffer und Curry würzen.

- Eier hart kochen und würfeln. Über die Kartoffel-Blumenkohl-Masse streuen. Mit gehacktem Schnittlauch bestreuen.

Nährwerte

485 kcal • 16 g E • 34 g F • 28 g KH • 9 g BST

Blatt für Blatt ein Genuss

Mediterrane Mangold-Pfanne mit Feta

Für 2 Portionen

30 Min.

300 g Kartoffeln (vorgekocht und gelagert) • 300 g Mangold • 2 EL Olivenöl • Gemüsebrühe • 50 g getrocknete Tomaten • 100 g Feta • Salz, Pfeffer

- Kartoffeln würfeln und Mangoldstiele in ca. 2 cm breite Stücke schneiden. Alles zusammen in heißem Öl kurz anbraten.

- Etwas Gemüsebrühe zugeben und ca. 10 Min. bei milder Hitze dünsten, bis die Kartoffelwürfel gar sind.

- Getrocknete Tomaten und Mangoldblätter in kurze Streifen schneiden, kurz andünsten und zugeben. Feta würfeln und darüberstreuen. Mit Pfeffer und Salz abschmecken.

Nährwerte

400 kcal • 16 g E • 23 g F • 30 g KH • 9 g BST

Eine Wohltat für den Bauch

Kohlrabi-Möhren-Pfanne

Für 2 Portionen

30 Min.

2 Möhren • 1 Kohlrabi (zarter) • 2 EL Öl • 100 ml Gemüsebrühe • Kreuzkümmel-Pulver • 300 g Kartoffeln (vorgekocht und gelagert) • 100 g Crème fraîche oder Creme légère • Salz, Pfeffer • Curry-Pulver • 2–3 Stängel Petersilie

- Möhren und Kohlrabi schälen und in 2 cm große Würfel schneiden.
- Öl erhitzen, Möhrenwürfel kurz anbraten und dann mit etwas Gemüsebrühe dünsten. Nach ca. 5 Min. Kohlrabiwürfel dazugeben. Etwas Kreuzkümmel-Pulver darüberstreuen.
- Kartoffeln ebenfalls würfeln und zugeben, wenn Möhren und Kohlrabi weich, aber noch bissfest sind. Nach Bedarf noch Gemüsebrühe zugeben.
- Zum Schluss Crème fraîche unterrühren, mit Salz, Pfeffer und eventuell Curry-Pulver abschmecken.
- Mit gehackter Petersilie bestreut servieren.

Nährwerte

470 kcal • 9 g E • 33 g F • 34 g KH • 9 g BST

Cremiger Genuss

Möhren-Zucchini-Gemüse mit Parmesan

Für 2 Portionen

20 Min.

120 g Spaghetti • 5 Möhren • 1 EL Öl • 1 große Zucchini • ½ Becher Schmand (100 g) • 50 g geriebener Parmesan • Salz, Pfeffer

- Spaghetti nach Packungsanweisung in Salzwasser kochen.
- In der Zwischenzeit Möhren schälen, in Scheiben schneiden und mit Öl 5 Min. bei geschlossener Pfanne andünsten. Gelegentlich umrühren.
- Zucchini in fingerdicke Würfel schneiden und zu den Möhren geben. Weitere 5 Min. dünsten, bis das Gemüse gar, aber noch bissfest ist.
- Schmand und Käse unterrühren, Spaghetti dazu dazugeben. Mit Salz und Pfeffer abschmecken.

Tipp: Schmeckt auch sehr gut zu gebratenem Geflügelfleisch oder Fisch.

Nährwerte

585 kcal • 20 g E • 32 g F • 53 g KH • 11 g BST

Einfach, aber lecker

Gemüse vom Blech mit Joghurt-Dip

Für 2 Portionen

20 Min. + 25 Min. Backzeit

- 4 Kartoffeln
- 3 EL Öl
- Rosmarin
- Salz, Pfeffer
- ½ Aubergine
- 1 Zucchini
- 1 Paprika
- Paprika-Pulver, edelsüß

Für den Dip

- 150 g griechischer Joghurt
- 2 EL Quark
- italienische Kräuter (frisch oder TK)

- Ofen auf 200 Grad (Umluft) vorheizen.

- Kartoffeln schälen und in Würfel schneiden. 1 EL Öl mit Rosmarin, Salz und Pfeffer mischen und Kartoffelwürfel darin wenden.

- Kartoffelwürfel auf einem mit Backpapier ausgelegten Blech verteilen und für ca. 10 Min. in den Ofen geben.

- Aubergine und Zucchini in Scheiben schneiden (ca. 0,5 cm dick). Scheiben nebeneinander auslegen und fein mit Salz bestreuen. 5 Min. warten, anschließend die entstandenen Wassertropfen mit einem Küchentuch abtupfen.

- Paprika putzen und in 8 Stücke schneiden. 2 EL Öl mit Salz und Paprika-Pulver zu einer Marinade verrühren. Gemüse von beiden Seiten damit einpinseln und auf 1–2 mit Backpapier ausgelegte Bleche verteilen.

- Gemüsebleche zum Kartoffelblech in den Ofen schieben und weitere 10–15 Min. backen, bis die Kartoffeln knusprig sind und das Gemüse gar ist.

- In der Zwischenzeit Joghurt mit Quark glatt rühren, mit Kräutern, Salz und Pfeffer abschmecken.

- Gemüse aus dem Ofen holen, auf 2 Teller verteilen und mit Joghurt-Dip servieren.

Tipp: Für mehr Eiweißzufuhr kann eine marinierte Putenbrust mit aufs Blech gelegt werden.

Nährwerte

450 kcal • 12 g E • 27 g F • 39 g KH • 10 g BST

Der Klassiker selbstgemacht

Falafel mit Minzjoghurt

Ergibt 15 Stück

20 Min.

- 1 Dose Kichererbsen (Abtropfgewicht ca. 265 g)
- 1 Zwiebel (falls verträglich)
- 1 Knoblauchzehe (falls verträglich)
- 1 EL gehackte Kräuter nach Geschmack (z. B. Petersilie, Koriander, Schnittlauch)
- ½ TL gemahlener Kreuzkümmel
- Salz, Pfeffer
- 4 EL Mehl (z. B. Kichererbsenmehl oder Dinkelmehl)
- 1 TL Backpulver
- 2–3 EL Öl
- 1 Handvoll Minzeblätter
- 150 g Naturjoghurt

● Kichererbsen in ein Sieb geben und kalt abbrausen, bis sich kein Schaum mehr bildet. Gut abtropfen lassen.

● Zwiebel und Knoblauchzehe abziehen, in grobe Würfel schneiden und zusammen mit den Kichererbsen in ein Mixgefäß geben. Kräuter sowie Gewürze zugeben und alles zu einer glatten Mischung pürieren.

● Masse probieren und eventuell mit Salz, Pfeffer und Kräutern abschmecken.

● Mehl mit Backpulver mischen und mit einem Teigschaber oder den Händen unter die Masse rühren. Aus dem Teig kleine Bällchen formen und mit den Handflächen etwas platt drücken.

● Öl in einer Pfanne erhitzen und Falafel bei mittlerer Hitze von beiden Seiten je ca. 5 Min anbraten, dabei vorsichtig wenden. Eventuell Öl nachgießen.

● Minzeblätter hacken und unter den Joghurt rühren, mit Salz und Pfeffer würzen. Falafel mit Minzdip genießen.

Nährwerte pro Stück

75 kcal • 2 g E • 4 g F • 8 g KH • 1 g BST

Alternative zum Fleischklassiker

Grünkernfrikadellen mit Käse

Ergibt 4 Frikadellen

40 Min.

- 100 g Grünkernschrot
- 1 Möhre
- 25 g geriebener Käse (z. B. Gruyère)
- 1,5 EL Paniermehl
- 1 Ei
- Salz, Pfeffer
- 3 TL Kräuter (z. B. TK-Gartenkräuter oder frische Petersilie)
- Öl für die Pfanne

● Grünkernschrot mit 200 ml Wasser in einen Topf geben, kurz aufkochen und anschließend ca. 20 Min. auf niedrigster Stufe quellen lassen, bis das Wasser komplett aufgesogen und der Schrot weich ist. Dabei ab und an umrühren.

● In der Zwischenzeit Möhre schälen und fein raspeln. Zusammen mit Käse, Paniermehl und Ei zum Grünkern geben und alles gut vermengen. Mit Salz, Pfeffer und Kräutern kräftig würzen.

● Aus der Masse 4 Frikadellen formen. Öl in einer beschichteten Pfanne erhitzen und Frikadellen darin von beiden Seiten bei mittlerer Hitze ausbacken. Beim Wenden behutsam vorgehen.

Das passt dazu Probieren Sie diese Frikadellen doch mal mit dem Curry-Dip (Seite 99).

Tipp: Sie können den Grünkernschrot auch bereits am Abend vorher mit dem heißen Wasser ansetzen und über Nacht gut durchquellen lassen.

Nährwerte pro Stück

175 kcal • 7 g E • 7 g F • 20 g KH • 3 g BST

Mit orientalischer Note

Pellkartoffeln mit Gurkenquark

Für 2 Portionen

20 Min. Kochzeit + 10 Min.

400 g Kartoffeln • 250 g Joghurt (3,5 %) • 250 g Quark • 1 Salatgurke • 2 EL Olivenöl • frische Minze • Salz, Pfeffer • ½ TL Schwarzkümmel

- Kartoffeln mit Schale kochen.
- Joghurt und Quark verrühren.
- Salatgurke grob raspeln und unter den Quark rühren. Olivenöl unterrühren. Mit Minze, Salz, Pfeffer und Schwarzkümmel würzen.
- Quark zu den Pellkartoffeln servieren.

Nährwerte

340 kcal • 26 g E • 5 g F • 44 g KH • 6 g BST

Wie bei Oma

Grundrezept Kartoffelpüree

Für 2 Portionen

30 Min.

500 g mehligkochende Kartoffeln • Salz • ¼ l Milch • 1 EL Butter (alternativ Margarine) • 1 Prise Muskat-Pulver

- Kartoffeln schälen und in einem Topf mit Salzwasser zugedeckt ca. 20 Min. garen, bis sie weich sind.
- In der Zwischenzeit Milch erwärmen, Butter darin auflösen und zu den Kartoffeln geben.
- Kartoffeln abgießen und je nach gewünschter Konsistenz durch eine Kartoffelpresse drücken oder stampfen. Mit dem Schneebesen kurz aufschlagen, dabei nach und nach das Milch-Fett-Gemisch unterrühren. Muskat-Pulver zugeben und mit Salz abschmecken. Anschließend direkt servieren.

Variante Statt der Butter können auch Nussöle verwendet werden. So erhält das Püree ein herrliches Aroma.

Tipp Kochen und stampfen Sie für mehr Aroma ein Stück Knollensellerie mit.

Nährwerte

340 kcal • 9 g E • 14 g F • 43 g KH • 6 g BST

Eintöpfe

Bei Eintöpfen kann eigentlich nichts schiefgehen, sie gelingen immer. Grundlage sind Kartoffeln (entweder schon vorgekocht und gelagert oder roh). Die rohen Kartoffeln werden geschält, in Würfel geschnitten und mit leicht gesalzenem Wasser oder Gemüsebrühe aufgekocht (nur so viel, dass die Kartoffeln knapp bedeckt sind). Wenn sie kochen, wird nach und nach das bereits vorgeschnittene Gemüse hinzugegeben. Die Kartoffel- und Gemüsestücke sollten etwa die gleiche Größe haben. Das Gemüse kommt in der Reihenfolge seines Härtegrads dazu. Als Fettquelle kann je nach Geschmack Öl, Sahne oder Butter verwendet werden. Lorbeerblätter, Pfefferkörner und/oder Wacholderbeeren können auch mitgekocht werden. Außerdem Salz, Pfeffer und zum Schluss reichlich frische Kräuter.

Soll der Eintopf mit Fleisch zubereitet werden, kann das Fleisch in leicht gesalzenem Wasser vorgekocht und diese Kochbrühe zum Kochen des Gemüses verwendet werden.

Versuchen Sie, mehr Gemüse als Kartoffeln zu verarbeiten.

Tipp Alle Eintöpfe schmecken am nächsten Tag aufgewärmt noch besser. Also gleich die doppelte Menge kochen!

Fürs Urlaubsfeeling

Gemüseeintopf mediterraner Art

Für 2 Portionen

25 Min. + 10 Min. Kochzeit

- 1 Dose Kichererbsen (ca. 120 g)
- 4 Kartoffeln
- 200 g Paprika
- 150 g Aubergine
- 250 g Tomaten
- 1 Knoblauchzehe (falls verträglich)
- 2 Stiele Basilikum
- 3 EL Öl
- Salz, Pfeffer
- 500 ml Gemüsebrühe

- Kichererbsen abspülen und abtropfen lassen.
- Kartoffeln schälen und in mundgerechte Stücke schneiden.
- Paprika putzen und in Streifen schneiden. Aubergine und Tomaten in kleine Stücke schneiden.
- Knoblauch schälen und pressen.
- Basilikumblätter abzupfen.
- Olivenöl erhitzen, Auberginenwürfel anbraten, Knoblauch zufügen, mit Salz und Pfeffer würzen.
- Übrige Zutaten bis auf Basilikum zufügen, mit Brühe ablöschen. Ca. 10 Min. köcheln lassen, bis die Kartoffeln weich sind.
- Mit Salz und Pfeffer abschmecken und mit Basilikum garniert servieren.

Nährwerte

484 kcal • 12 g E • 23 g F • 55 g KH • 15 g BST

Italienischer Klassiker

Herzhafte Minestrone mit Graupen

Für 2 Portionen

20 Min. + 45 Min. Kochzeit

- 40 g Schinken
- 1 Stange Lauch
- 2 Stangen Staudensellerie
- 2 Möhren
- 2 Kartoffeln
- 1 Zwiebel (falls verträglich)
- 2 Knoblauchzehen (falls verträglich)
- 1 EL Olivenöl
- 100 g Gerstengraupen
- 1 Lorbeerblatt
- 1 L Gemüsebrühe
- Salz, Pfeffer
- 1 Bund Petersilie

● Schinken in feine Würfel schneiden. Gemüse putzen und klein schneiden.

● Kartoffeln schälen und in kleine Würfel schneiden. Zwiebel und Knoblauchzehen ebenfalls schälen und sehr fein schneiden.

● Öl in einem großen Topf erhitzen und Schinken kurz anbraten. Gemüse hinzugeben und unter Rühren 5–10 Min. dünsten. Graupen und Lorbeerblatt dazugeben, mit Gemüsebrühe aufgießen und zum Kochen bringen.

● Temperatur verringern und Suppe ca. 45 Min. köcheln lassen, bis die Graupen gar sind. Lorbeerblatt herausnehmen, mit Salz und Pfeffer würzen.

● Petersilie hacken und zur Suppe geben.

Variante Statt Gerstengraupen kann man auch Perlgraupen verwenden. Sie sind kleiner und etwas schneller gar.

Nährwerte

445 kcal • 15 g E • 13 g F • 65 g KH • 14 g BST

Große Gemüsebeilage

Zucchini mit Gemüse-Käse-Füllung

Für 2 Portionen
30 Min.

1 kleine rote Paprika • 1 Schalotte • 5 Champignons • 2 runde Zucchini • 1 EL Öl • Kräuter (z. B. Rosmarin und Thymian) • 2 EL Pinienkerne • 100 g Feta • Salz, Pfeffer

- Paprika in feine Würfel schneiden. Schalotte abziehen, Champignons putzen und beides ebenfalls fein würfeln.
- Deckel der Zucchini abschneiden, etwas aushöhlen und Fruchtfleisch fein hacken.
- Schalottenwürfel in Öl glasig dünsten. Paprika, Pilze und Zucchini hinzugeben und ca. 3 Min. mitdünsten.
- Kräuter und Pinienkerne hacken, Feta mit den Händen zerbröseln, salzen und pfeffern, unter das Gemüse mischen und in die Zucchini füllen.
- Im vorgeheizten Backofen 20 Min. bei 175 Grad garen.

Das passt dazu Salzkartoffeln und Kräuterquark

Nährwerte
325 kcal • 17 g E • 24 g F • 10 g KH • 7 g BST

Aufgepeppter Klassiker

Rustikale Gemüse-Kartoffelrösti

Für 2 Portionen
40 Min.

200 g Pastinaken • 200 g Möhren • 200 g Kartoffeln • 100 g Zucchini • 1 Bund Schnittlauch • 2 Eier • Salz, Pfeffer • Curry-Pulver • Öl zum Anbraten

- Pastinaken, Möhren und Kartoffeln schälen und grob raspeln. Zucchini ebenfalls grob raspeln. Alles in einer Schüssel verrühren. In ein sauberes Tuch geben und durch Zudrehen des Tuches, die Flüssigkeit herausdrücken. Diese wegkippen.
- Schnittlauch in Röllchen schneiden und unterheben.
- Eier unter die Gemüsemischung heben, mit Pfeffer, Salz sowie Curry-Pulver würzen und alles gründlich vermengen.
- In einer beschichteten Pfanne Öl erhitzen und 4 handtellergroße Rösti ausbacken. Auf einen Teller geben, beiseitestellen und aus dem restlichen Gemüseteig 4 weitere Rösti zubereiten.

Das passt dazu Dips (Seite 86).

Nährwerte
275 kcal • 13 g E • 14 g F • 24 g KH • 11 g BST

Die vegetarische Variante

Bunte Gemüsequiche

Ergibt 8 Stücke

30 Min. + ca. 30 Min. Backzeit

Für den Teig
- 200 g Dinkelmehl
- 80 g Butter
- 5 EL Milch
- 2 TL Salz
- Butter für die Form

Für den Belag
- Je 1 kleine rote, gelbe und grüne Paprika
- 1 kleine Zucchini
- ½ Aubergine
- 2 EL Öl

Für den Guss
- 100 g Frischkäse
- 200 g Schmand
- 4 Eier
- 1 Zweig Rosmarin
- Salz, Pfeffer

● Backofen auf 180 Grad (Umluft) vorheizen.

● Für den Teig Mehl, Butter, Milch und Salz zu einem Teig kneten.

● Quicheform (alternativ Springform) mit Butter einfetten. Teig auf einer bemehlten Arbeitsfläche rund und etwas größer als die Form ausrollen. In die Form legen und dabei einen ca. 2 cm hohen Rand formen.

● Paprika in Streifen, Zucchini in Scheiben schneiden. Aubergine ebenfalls in Scheiben schneiden und diese anschließend vierteln. Geschnittenes Gemüse mit Öl in eine beschichte Pfanne geben und bei mittlerer Hitze ca. 5 Min. braten. Anschließend auf dem Teig in der Form verteilen.

● Für den Guss Frischkäse, Schmand und Eier glatt rühren. Rosmarinnadeln abzupfen und unter die Frischkäsemasse rühren. Mit Salz und Pfeffer würzen, dann über das Gemüse in der Form gießen.

● Quiche auf mittlerer Schiene 30–40 Min. backen, bis der Guss gestockt ist und eine goldbraune Färbung angenommen hat. Fertige Quiche kurz ruhen lassen, dann in Stücke schneiden und servieren.

Variante Lassen Sie Ihrer Fantasie freien Lauf und belegen Sie die Quiche mit Ihren Lieblings-Gemüsesorten!

Nährwerte pro Stück

375 kcal • 10 g E • 27 g F • 23 g KH • 4 g BST

Ein Stück Frankreich für zu Hause

Mediterran gefüllte Galette

Für 2 Portionen

30 Min.

Für den Teig

80 g Buchweizenmehl • 2 Eier • 150 ml Milch • 1 Prise Thymian einfügen • 1 Prise Salz

Für die Füllung

1 Zucchini • 2 Paprika • 2 große Tomaten • 1 Zwiebel • 1 Knoblauchzehe • 4 EL Olivenöl • Salz, Pfeffer • Paprika-Pulver • ¼ TL Thymian • 150 g Feta

- Mehl mit Eiern, Milch, Thymian und Salz zu einem glatten Teig rühren und 15 Min. quellen lassen.

- In der Zwischenzeit Zucchini und Paprika in Stücke schneiden. Tomaten sowie Zwiebeln und Knoblauch würfeln.

- Zwiebeln und Knoblauch in Olivenöl anschwitzen, Gemüse dazu geben. Nach ca. 5 Min. Tomatenwürfel zugeben und alles mit Salz, Pfeffer, Paprika-Pulver sowie Thymian abschmecken. Feta würfeln und unter das Gemüse heben.

- Aus dem Teig 4 Pfannkuchen ausbacken, jeweils mit der Gemüsemischung belegen und zuklappen.

Nährwerte

780 kcal • 30 g E • 49 g F • 53 g KH • 10 g BST

Da isst das Auge mit!

Farbiger Auberginenfächer

Für 2 Portionen

20 Min. + 45 Min. Backzeit

2 Auberginen • 4 EL Öl • 4 Tomaten • 1 Kugel Mozzarella • Salz, Pfeffer • 2 Stängel Basilikum • 2 Scheiben Vollkornbrot

- Ofen auf 200 Grad Unter- und Oberhitze vorheizen.

- Auberginen der Länge nach halbieren. Schnittflächen sofort salzen. Auberginen fächerförmig einschneiden, sodass die ca. 1 cm dicke Scheiben an beiden Enden noch zusammenhängen. Scheiben mit Öl einpinseln und auf ein mit Backpapier ausgelegtes Blech legen.

- Tomaten und Mozzarella in dünne Scheiben schneiden. Tomaten salzen, pfeffern und abwechselnd mit den Mozzarellascheiben zwischen die Auberginenstreifen stecken. Basilikumblätter abzupfen und zu den Mozzarella- und Tomatenscheiben stecken.

- In den Ofen schieben und auf mittlerer Schiene 30–45 Min. schmoren.

- Mit Vollkornbrotscheiben servieren.

Nährwerte

510 kcal • 19 g E • 37 g F • 25 g KH • 11 g BST

Herbstfarben auf dem Tisch

Gebackenes Kürbisgemüse mit Quarkdip

Für 2 Portionen

50 Min.

- 3–4 mittelgroße Kartoffeln
- 1–2 EL Olivenöl
- Salz, Pfeffer
- 1–2 Zweige Rosmarin
- ½ Hokkaidokürbis
- 1 kleine Süßkartoffel
- 125 g Quark (ggf. laktosefrei)
- 125 g Naturjoghurt
- frische Kräuter (z. B. Petersilie, Schnittlauch; alternativ TK-Kräuter)
- Zitronensaft oder milder Essig

- Kartoffeln längs in ca. 1 cm dünne Scheiben schneiden und in einer Schüssel mit 1 EL Olivenöl, Salz, Pfeffer und Rosmarinnadeln wenden, sodass sie von allen Seiten mit Öl benetzt sind.

- In eine große feuerfeste Schale oder auf ein Backblech geben und in den auf 200 Grad (Umluft 180 Grad) vorgeheizten Backofen schieben.

- Kürbis und Süßkartoffel längs in Spalten schneiden und ebenfalls in einer Schüssel mit Öl benetzen und würzen.

- Kürbis und Süßkartoffeln zu den Kartoffeln in den Backofen geben, wenn diese fast gar sind (nach ca. 15 Min.). Alles zusammen – je nach gewünschtem Röstgrad – weitere 10–15 Min. im Ofen garen.

- Für den Dip Quark und Joghurt miteinander vermischen, gehackte Kräuter unterrühren, mit Salz und Pfeffer würzen. Eventuell einen Schuss Zitronensaft oder milden Essig zum Abrunden dazugeben.

Nährwerte

380 kcal • 17 g E • 12 g F • 49 g KH • 7 g BST

Passen prima aufs Salatbüfett

Herzhafte Gemüsetörtchen

Ergibt 12 Stück

20 Min. + 20 Min. Backzeit

Für den Teig

- 200 g Mehl
- 100 g Butter
- 4 EL Milch
- 1 Ei
- 1 TL Salz

Für die Füllung

- 150 g rote Paprika
- 1 Zwiebel (falls verträglich)
- 20 g gekochter Schinken
- 150 g Schmand
- 1 Ei
- Salz, Pfeffer
- 40 g geriebener Käse

- Backofen auf 200 Grad (Umluft 175 Grad) vorheizen.

- Mehl, Butter, Milch, Ei und Salz in eine Rührschüssel geben und mit den Knethaken eines Mixers zu einem kompakten Teig verkneten.

- Muffinform mit 12 Mulden leicht einfetten.

- Teig in 12 gleich große Teile teilen und auf einer bemehlten Arbeitsfläche mit einem Nudelholz zu 12 runden Teigfladen ausrollen. Fladen in die Mulden legen und leicht andrücken, sodass Kontakt zur Muffinform besteht. 5 Minuten abbacken.

- Paprika und Zwiebel fein würfeln. Gekochten Schinken würfeln. Gemüse mit dem Schinken mischen und auf die vorgebackenen Törtchen verteilen.

- Schmand und Ei verquirlen, mit Salz sowie Pfeffer würzen. Masse auf die Törtchen verteilen, mit Käse bestreuen und 15 Min. backen.

Tipp: Eine Gemüsequiche – egal ob groß oder klein – lässt sich gut vorbereiten, schmeckt warm oder kalt und kann variantenreich zubereitet werden. Füllen Sie Ihre Törtchen einfach mit Ihrem Lieblingsgemüse.
Wenn Sie die Gemüsetörtchen einfrieren, haben Sie schnell ein fertiges Gericht zur Hand. Da der Gemüseanteil nicht ganz so hoch ist, wie er für eine Hauptmahlzeit sein sollte, genießen Sie noch einen Salat oder ein paar Gemüsesticks dazu.

Nährwerte pro Stück

180 kcal • 5 g E • 12 g F • 14 g KH • 1 g BST

Farbenfroh gegen den Winterblues

Kabeljaufilet auf Paprikagemüse

Für 2 Portionen

45 Min.

1 kleine Zwiebel (falls verträglich) • 2 EL Olivenöl • 400 g rote und gelbe Paprika • 1 EL Apfelessig • 300 g Süßkartoffeln • 50 g Babyspinat (alternativ Mangoldblätter) • Salz, Pfeffer • Paprika-Pulver (eventuell Rauchpaprika) • 250 g Kabeljaufilet (frisch oder TK)

- Zwiebel abziehen, in halbe Ringe schneiden und in Öl andünsten.

- Paprika in ca. 2×2 cm große Stücke schneiden und zu den Zwiebelringen geben, anbraten, bis sich braune Stellen entwickeln. Mit Apfelessig ablöschen.

- Süßkartoffeln schälen, würfeln und zu den Paprika geben. Ca. 5 Min. garen.

- Babyspinat zugeben und mit Salz, Pfeffer sowie (Rauch-)Paprika kräftig würzen. Herdplatte herunterschalten.

- Kabeljau (ggf. vorher auftauen) in 2 Stücke zerteilen und auf dem Gemüse in ca. 5–10 Min. sanft garen.

Nährwerte

390 kcal • 28 g E • 14 g F • 38 g KH • 13 g BST

Fein aromatisch und bekömmlich

Fenchel-Reis-Pfanne mit Lachs

Für 2 Portionen

20 Min. + 35 Min. Garzeit

100 g Naturreis • 400 g Fenchel • 2 EL Öl • Gemüsebrühe • Salz, Pfeffer • Curry-Pulver • 250 g Lachsfilet

- Reis nach Packungsanweisung in Salzwasser gar kochen.

- Fenchel in kleine Würfel schneiden und in heißem Öl und ein wenig Gemüsebrühe andünsten.

- Reis zum Fenchel geben und mit Salz, Pfeffer sowie etwas Curry-Pulver würzen.

- Lachsfilet mit Salz und Pfeffer bestreuen, in Streifen schneiden und auf der Reis-Fenchel-Mischung in ca. 5 Min. sanft garen.

Variante Statt Fenchel kann auch grüner Spargel verwendet werden.

Nährwerte

550 kcal • 34 g E • 27 g F • 44 g KH • 10 g BST

» Kabeljaufilet auf Paprikagemüse

Gemüsige Abwandlung des Klassikers

Auberginenlasagne mit Rinderhack

Für 4 Portionen

30 Min. + 30 Min. Backzeit

- 1 große Aubergine
- Salz
- 4 EL Öl
- 1 große Zwiebel (falls verträglich)
- 2 Knoblauchzehen (falls verträglich)
- 400 g Rinderhackfleisch
- 50 ml Gemüsebrühe
- 1 EL Tomatenmark
- 700 g passierte Tomaten
- 1 TL Zucker
- Pfeffer
- Basilikum, getrocknet
- Oregano, getrocknet
- 100 g Käse (z. B. Gouda)
- 6 Lasagne-Platten
- 100 g Crème fraîche

● Aubergine längs in 8 ca. 1 cm dicke Scheiben schneiden. Salzen und anschließend in einer beschichteten Pfanne mit 2 EL Öl von beiden Seiten kurz anbraten. Abkühlen lassen.

● Zwiebel und Knoblauchzehen fein würfeln und mit Hackfleisch in 2 EL Öl krümelig anbraten. Gemüsebrühe, Tomatenmark und passierte Tomaten zugeben. Zuckern und mit Salz, Pfeffer, Basilikum und Oregano abschmecken. Anschließend vom Herd nehmen.

● Ofen auf 200 Grad (Umluft 180 Grad) vorheizen.

● Käse reiben.

● Lasagne in eine große Auflaufform einschichten: Hierzu mit einer Schicht Tomaten-Hack-Sauce beginnen. Dann die Hälfte der Lasagne-Platten darauf verteilen, sodass sie nicht überlappen. Wieder eine Schicht Tomaten-Hack-Sauce darauf verteilen und mit der Hälfte der Auberginenscheiben belegen. Anschließend den ganzen Vorgang wiederholen.

● Die oberste Schicht Auberginen mit Crème fraîche bestreichen und Käse darauf verteilen.

● Im vorgeheizten Ofen ca. 30 Min. backen.

● Eventuell mit ein paar Basilikumblättern garnieren.

Das passt dazu ein grüner Salat.

Nährwerte

660 kcal • 34 g E • 44 g F • 31 g KH • 6 g BST

Gute alte Hausmannskost

Kartoffel-Möhren-Eintopf mit Rindfleisch

Für 2 Portionen

45 Min. + 30 Min. Kochzeit für das Fleisch

200 g Rindfleisch zum Kochen (alternativ Beinscheibe) • 300 g Kartoffeln (mehligkochend) • 500 g Möhren • 100 ml Sahne • Salz, Pfeffer • Petersilie • Schnittlauch

- Fleisch in kochendes, leicht gesalzenes Wasser geben und ca. 30–45 Min. sanft köcheln lassen. Es sollte knapp von der Flüssigkeit bedeckt sein. Fleisch aus dem Kochwasser nehmen. Etwa die Hälfte der Brühe beiseitestellen.

- Kartoffeln und Möhren würfeln und in die kochende Brühe geben. Circa 15 Min. köcheln lassen, bis das Gemüse ganz weich ist.

- Sahne zugeben und alles mit einem Stampfer sehr fein stampfen. Bei Bedarf mit der Fleischbrühe auffüllen. Mit Salz und Pfeffer würzen.

- Fleisch in kleine Würfel schneiden und unter die Kartoffel-Möhren-Mischung geben. Zum Schluss klein geschnittene Petersilie und Schnittlauch zugeben.

Nährwerte

460 kcal • 24 g E • 24 g F • 34 g KH • 26 g BST

Alternative zur Carbonara-Sauce

Pilz-Nudel-Pfanne mit Geschnetzeltem

Für 2 Portionen

20 Min.

120 g Nudeln (z. B. Spirelli) • 1 Zwiebel (falls verträglich) • 1 EL Öl • 200 g Schweinegeschnetzeltes • 400 g frische Pilze (z. B. Champignons) • 100 g Schmand • 150 ml Milch • Salz, Pfeffer • 1 TL Oregano • 40 g geriebener Käse (z. B. Emmentaler)

- Nudeln nach Packungsanweisung in Salzwasser kochen.

- Zwiebel abziehen, würfeln und mit Öl in einem großen Topf glasig anschwitzen. Fleisch zugeben und gut durchbraten.

- Pilze putzen, in Scheiben schneiden, mit in den Topf geben und 5 Min. weitergaren. Schmand und Milch zugeben und mit Salz, Pfeffer sowie Oregano abschmecken.

- Nudeln abgießen und unter die Sauce mischen. Mit Käse bestreut servieren.

Nährwerte

665 kcal • 43 g E • 32 g F • 49 g KH • 7 g BST

Schmeckt nach Frühling

Spargel-Mangold-Topf mit Schinken

Für 2 Portionen

45 Min.

- 300 g weißer Spargel (z. B. Bruch- oder Suppenspargel)
- 2 EL Öl
- ca. 200 ml Gemüsebrühe
- 200 g Mangold
- 100 ml Kochsahne
- 400 g Kartoffeln (vorwiegend festkochend)
- 150 g gekochter Schinken
- Salz, Pfeffer
- Schnittlauch und/oder Petersilie

- Spargel schälen und in 2 cm lange Stücke schneiden. Holzige Enden entfernen.
- Öl in einem Topf erhitzen, Spargel zugeben und mit etwas Gemüsebrühe kurz andünsten.
- Restliche Gemüsebrühe zugeben und ca. 5 Min. köcheln lassen.
- Mangoldstiele ebenfalls in 2 cm lange Stücke schneiden und zusammen mit Kochsahne zum Spargel geben und kurz aufkochen.
- Kartoffeln möglichst am Vortag mit Schale kochen. Gekochte Kartoffeln vierteln und in ca. 1 cm dicke Scheiben schneiden und zum Spargel in den Topf geben. Werden rohe Kartoffeln verwendet, werden diese als Erstes angedünstet und nach 2–3 Min. werden die Spargelstücke zugegeben.
- Mangoldblätter klein schneiden, Schinken würfeln und beides zugeben. Mit Salz und Pfeffer abschmecken.
- Petersilie und/oder Schnittlauch klein schneiden und zugeben.

Nährwerte

535 kcal • 32 g E • 28 g F • 37 g KH • 9 g BST

Auch optisch ein Vergnügen

Thaicurry mit knackigem Gemüse

Für 2–3 Portionen

40 Min.

- 1 Lauchzwiebel
- 100 g gelbe Paprika
- 100 g rote Paprika
- 100 g Möhren
- 100 g Kartoffeln
- 1 TL rote Thaicurrypaste
- 2 Msp. Kurkuma-Pulver
- 1 EL Öl
- 200 g Hühnerbrust
- Salz
- 400 ml Kokosmilch
- 100 g Zuckerschoten
- ½ Bund Koriander
- 30 g Erdnüsse

- Lauchzwiebel in Ringe schneiden. Paprika in mundgerechte Stücke schneiden. Möhren schälen und in Scheiben schneiden.

- Kartoffeln schälen und in mundgerechte Würfel schneiden. Gemüse mit den Kartoffeln in einen Topf geben.

- Thaicurrypaste, Kurkuma-Pulver und Öl hinzugeben und 2 Min. unter Rühren anbraten.

- Hühnerbrust kalt abspülen, trocken tupfen, in mundgerechte Stücke schneiden und zum Gemüse geben. Salz und Kokosmilch zugeben und bei mittlerer Temperatur 10 Min. leicht köcheln lassen.

- Zuckerschoten putzen, zum Curry geben und weitere 4 Min. köcheln lassen.

- Korianderblätter abzupfen und kurz vor dem Servieren unterrühren.

- Curry mit den Erdnüssen bestreut servieren.

Nährwerte

820 kcal • 39 g E • 58 g F • 37 g KH • 16 g BST

SÜSSE SACHEN

Als Dessert oder zum Kaffee

Crumble mit Äpfeln und Mandeln

Für 2 Portionen

20 Min. + 20 Min. Backzeit

2 Äpfel • 1 Bio-Zitrone • 50 g gehackte Mandeln • Zimt-Pulver • 50 g Dinkelvollkornmehl (alternativ Dinkelmehl Type 630) • 50 g Butter (und etwas Butter für die Form) • 50 g brauner Zucker • 1 Vanilleschote • eine Prise Salz

- Backofen auf 180 Grad (Umluft 160 Grad) vorheizen.

- Äpfel grob würfeln (mit oder ohne Schale, je nach Geschmack). Zitronenschale fein abreiben, Saft auspressen. Alles in einer Schüssel mischen. Mandeln grob hacken, unterheben. Mit etwas Zimt-Pulver würzen.

- Mehl, Butter, Zucker, Vanillemark und Salz zu Streuseln verkneten.

- Auflaufform mit Butter einfetten. Frucht-Mandel-Mischung darin verteilen und mit den Streuseln bedecken.

- Crumble im vorgeheizten Ofen auf mittlerer Schiene 15–20 Min. backen, bis die Streusel leicht braun werden. Heiß servieren.

Nährwerte

610 kcal • 9 g E • 36 g F • 62 g KH • 10 g BST

Ein luftiger Genuss

Zarte Hafer-Dinkel-Waffeln

Ergibt 8 Stück

30 Min.

90 g Haferflocken (blütenzart!) • 35 g Dinkelmehl (Type 630) • 250 ml Milch oder Haferdrink • 60 g Zucker • 60 g weiche Butter • ½ TL Zimt-Pulver • 3 Eier

- Haferflocken mit Mehl mischen und mit Milch oder Haferdrink verrühren. 10 Min. quellen lassen. Zucker, Butter und Zimt mit dem Mixer unterrühren.

- Eier trennen und Eigelb unter die Masse rühren. Eiweiß steif schlagen und unter den Waffelteig heben.

- In einem leicht gefetteten Waffeleisen 8 Waffeln backen und frisch genießen.

Tipp: Sie mögen es lieber herzhaft? Dann ersetzen Sie den Zucker durch ½ TL Salz. Dazu passen wunderbar etwas Rohkost und ein Dip. Und falls nicht alle Waffeln aufgegessen werden, frieren Sie die Waffeln ein und backen diese spontan im Toaster wieder auf.

Nährwerte pro Stück

165 kcal • 6 g E • 11 g F • 12 g KH • 1 g BST

Herrlich saftig

Nussiger Rüblikuchen

Für eine Kastenform

30 Min. + 30–40 Min. Backzeit

200 g Dinkelvollkornmehl (alternativ Type 630) • 1 Msp. Backnatron • 1 Msp. Backpulver • 1 Msp. Zimt-Pulver • 2 Eier (Größe L) • 175 g brauner Zucker • 175 ml neutrales Öl (z. B. Maiskeimöl) • 1 Vanilleschote • ½ Schale einer Bio-Zitrone • 250 g Möhren • 150 g gehackte Mandeln

- Ofen auf 180 Grad (Umluft 160 Grad) vorheizen.

- Mehl, Backnatron, Backpulver und Zimt-Pulver in einer Schüssel mischen.

- Eier mit Zucker schaumig schlagen. Öl unterrühren. Etwas Vanillemark und abgeriebene Zitronenschale unterrühren. Möhren fein reiben.

- Eimasse unter die Mehlmischung heben. Möhren und Mandeln zugeben und verrühren. Kastenform mit Backpapier auslegen und den Teig einfüllen.

- Im Backofen auf der untersten Schiene ca. 30–40 Min. backen.

Nährwerte pro Stück

210 kcal • 6 g E • 8 g F • 25 g KH • 4 g BST

Topping für Joghurt oder Müsli

Knuspriger Hafer-Nuss-Crunch

Für 4 Portionen

5 Min. + 20 Min. Backzeit

100 g Haferflocken (kernig) • 80 g gemischte, gehackte Nüsse (z. B. Mandeln, Haselnüsse, Walnüsse) • 20 g Kerne (z. B. Sonnenblumen- oder Kürbiskerne) • 1 Prise Zimt-Pulver • 1 EL Öl (Maiskeim- oder Sonnenblumenöl) • 3 EL flüssiger Honig

- Ofen auf 180 Grad (Umluft 160 Grad) vorheizen.

- Haferflocken mit Nüssen und Kernen mischen. Zimt-Pulver, Öl und Honig zugeben und alles gut vermengen.

- Mischung auf ein mit Backpapier ausgelegtes Blech streichen und in ca. 20 Min. im Ofen knusprig backen.

Tipp: Wenn Sie diesen Crunch in größerer Menge vorbereiten möchten, können Sie ihn in einer geschlossenen Dose mehrere Tage aufbewahren.

Nährwerte

305 kcal • 9 g E • 17 g F • 30 g KH • 4 g BST

Nicht nur zu Weihnachten lecker

Leichte Mandel-Hafer-Kekse

Ergibt 16 Stück

10 Min. + 10 Min. Backzeit

60 g zimmerwarme Butter oder Margarine • 50 g Rohrzucker • 1 Pck. Vanillezucker • 1 Prise Meersalz • 1 Ei • 40 g gemahlene Mandeln • 60 g Haferflocken (blütenzart) • 40 g Mehl • ½ TL Backpulver • 1 Prise Zimt-Pulver

- Ofen auf 190 Grad (Umluft 170 Grad) vorheizen.

- Butter oder Margarine mit Zucker, Vanillezucker, Meersalz und Ei mit dem Mixer schaumig rühren. Mandeln und Haferflocken nach und nach zugeben und ebenfalls gut unterrühren. Mehl mit Backpulver mischen und mit dem Zimt-Pulver unter die Masse rühren.

- Mit 2 Teelöffeln kleine Häufchen der Masse auf ein mit Backpapier ausgelegtes Blech setzen. Dabei auf genug Abstand zwischen den Häufchen achten. Im Backofen ca. 10 Min. backen, bis die Kekse goldgelb sind.

Variante Für etwas Abwechslung nimmt man Haselnüsse oder Kokosflocken. Schon schmecken die Kekse ganz anders.

Nährwerte pro Stück

85 kcal • 2 g E • 5 g F • 8 g KH • 1 g BST

Gut vorzubereiten

Abtropfjoghurt mit Erdbeersauce

Für 2–3 Portionen

3 Std. Abtropfzeit + 15 Min.

- 100 g Sahne
- 500 g Naturjoghurt
- 200 g Erdbeeren (alternativ tiefgekühlt)
- 2 EL Zucker

- Sahne steif schlagen und unter den Joghurt rühren.

- Sieb in eine Schüssel stellen und zweifach mit Küchenpapier auslegen. Joghurt daraufgeben und 3 Std. im Kühlschrank abtropfen lassen.

- Frische Früchte in Würfel schneiden, mit 2 EL Zucker süßen und pürieren (TK-Früchte zuvor auftauen), zuckern und pürieren.

- Abgetropften Joghurt auf einen Teller stürzen. Dazu den Teller einfach auf das Sieb legen, umdrehen und Küchenpapier abziehen. Fruchtsauce darüber verteilen.

Tipp: Sie hatten bislang den Eindruck, dass bei Ihnen Joghurt im Magen oder Darm für Unruhe sorgt? Dieser molkearme Joghurt ist, wie der griechische Joghurt auch, besonders gut verträglich. Er kann (in größeren Mengen produziert) in einem geschlossenen Gefäß im Kühlschrank aufbewahrt werden. Damit haben Sie schnell eine proteinreiche Zwischenmahlzeit. Mit Früchten und Getreideflocken ist er eine echte Hauptmahlzeit. Mit Kräutern ist er ein prima Dip für Gemüse und Kartoffeln.

Nährwerte

315 kcal • 11 g E • 15 g F • 33 g KH • 2 g BST

Noch besser am nächsten Tag

Gebackene Joghurttorte

Für eine Springform (28 cm)

12 Std. Abtropfzeit + 30 Min. + 60 Min. Backzeit

Für den Teig
- 200 g Dinkelmehl (Type 630)
- 1 TL Backpulver
- 75 g Zucker
- 1 Ei
- 100 g Butter

Für die Joghurtmasse
- 1,5 kg Naturjoghurt (3,5 % Fett)
- 4 Eier
- 150 g Zucker
- 1,5 Pck. Vanillepuddingpulver

- Joghurt in ein mit Küchenpapier ausgelegtes Sieb geben. Dieses auf eine Schüssel stellen und den Joghurt mindestens 12 Std. im Kühlschrank abtropfen lassen. Anschließend auf einen großen Teller stürzen und Küchenpapier abziehen.

- Backofen auf 150 Grad (Umluft 130 Grad) vorheizen.

- Mehl, Backpulver, Zucker und Ei in eine Schüssel geben. Butter in Flöckchen zugeben und zu einem Mürbteig verkneten.

- Boden der Springform mit Backpapier auslegen und die Ränder fetten.

- Teig ausrollen und in die Springform geben, dabei einen 3 cm hohen Rand formen.

- Eier trennen und Eiweiß mit 50 g Zucker zu Eischnee schlagen.

- Abtropfjoghurt mit dem Eigelb, 100 g Zucker und dem Vanillepuddingpulver glatt rühren. Eischnee unterheben und in die Springform füllen. Im Ofen ca. 60 Min. auf mittlerer Schiene backen.

Tipp: Sie mögen es gerne fruchtig? Der Heidelbeeraufstrich (Seite 75) kann eine leckere Sauce zu diesem Kuchen sein. Bereiten Sie ihn wie beschrieben zu, verzichten Sie aber zum Schluss auf das Einkochen der Heidelbeeren. So erhalten Sie eine feine Fruchtsauce.

Nährwerte pro Stück

250 kcal • 7 g E • 11 g Fett • 29 g KH • 1 g BST

Ideal als Snack für unterwegs

Knackige Maisriegel

Ergibt 25 Riegel

30 Min. + 60 Min. Abkühlzeit

- 50 g Cashewkerne
- 100 g gehackte Mandeln
- 50 g Sonnenblumenkerne
- 50 g Kürbiskerne
- 50 g getrocknete Feigen oder Pflaumen
- 5 Maiswaffeln
- 100 g Butterschmalz
- 80 g Zucker
- 75 g Zuckerrübensirup

● Cashewkerne grob hacken und mit Mandeln, Sonnenblumen- und Kürbiskernen mischen. Auf einem Backblech verteilen und bei 170 Grad (mittlere Schiene, Umluft 150 Grad) 13 Min. im vorgeheiztem Backofen rösten.

● Trockenfrüchte, Mandeln und Kerne in einer Schüssel mischen. Maiswaffeln zerbröseln und untermischen.

● Butterschmalz schmelzen, Zucker sowie Sirup zugeben und unter Rühren zum Kochen bringen.

● Nussmischung zugeben und gut unterrühren. Auflauf- oder Springform mit Backpapier auslegen, Masse fingerdick einfüllen und fest andrücken. 1 Std. im Kühlschrank auskühlen lassen, aus der Form stürzen und in Riegel schneiden.

Tipp: Wenn Sie es gerne exotisch mögen, mischen Sie doch einfach noch 3 EL Kokosflocken unter.

Nährwerte pro Riegel

110 kcal • 2 g E • 8 g F • 7 g KH • 1 g BST

Rezeptverzeichnis

Liebe Leserin, lieber Leser,

hat Ihnen dieses Buch weitergeholfen? Für Anregungen, Kritik, aber auch für Lob sind wir offen. So können wir in Zukunft noch besser auf Ihre Wünsche eingehen. Schreiben Sie uns, denn Ihre Meinung zählt!

Ihr TRIAS Verlag

Kontakt:
kundenservice.thieme.de

Lektorat TRIAS Verlag
Postfach 30 05 04
70445 Stuttgart

Abonnieren Sie unsere Newsletter:
www.trias-verlag.de/newsletter

Besuchen Sie uns auf facebook
www.facebook.com/trias.tut.mir.gut

Besuchen Sie uns auf facebook
www.facebook.com/mama.mag.trias

Folgen Sie uns auf Instagram
www.instagram.com/trias_verlag

Lassen Sie sich inspirieren
www.pinterest.com/triasverlag

Stichwortverzeichnis

Bibliografische Information der Deutschen Nationalbibliothek
Die Deutsche Nationalbibliothek verzeichnet diese Publikation in der Deutschen Nationalbibliografie; detaillierte bibliografische Daten sind im Internet über http://dnb.d-nb.de abrufbar.

Programmplanung: Uta Spieldiener
Projektmanagement: Anja Bippus
Redaktion: Gabriele Gaßmann, Stuttgart
Bildredaktion: Christoph Frick, Caroline Merdian

Umschlaggestaltung und Layout:
CYCLUS · Visuelle Kommunikation, Stuttgart

Bildnachweis:
Umschlagmotiv und Bild S. 3:
Meike Bergmann, Berlin
Autorinnenfotos S. 4:
oben und Mitte Thomas Kamp,
unten Christoph Heinrich Fotografie
Foodfotos: S. 49, 73, 85, 92, 121, 127, 129, 132
Stefanie Bütow, Hamburg;
alle restlichen Rogge & Jankovic, Köln
Zeichnungen: Grafikbüro Schaaf, Bellheim

1. Auflage 2021

TRIAS Verlag in Georg Thieme Verlag KG
Rüdigerstraße 14, 70469 Stuttgart, Germany
www.trias-verlag.de

Printed in Germany

Satz und Repro: Fotosatz Buck, Kumhausen
Gesetzt in Adobe Indesign CS6
Druck: AZ Druck und Datentechnik GmbH, Kempten

Gedruckt auf chlorfrei gebleichtem Papier

ISBN 978-3-432-11314-2 1 2 3 4 5 6

Auch erhältlich als E-Book:
eISBN (ePub) 978-3-432-11315-9